통번역사 교육 ABC

외국어 대학 통번역사 교육 구조 및 내용

стркуктура и содержание подготовки
переводчиков в языковом вузе

통번역사 교육 ABC

외국어 대학 통번역사 교육 구조 및 내용

Л. К. Латышев/ В. И. Провоторов 지음 | 방교영 옮김

HU:iNE

역자 서문

통역이나 번역이라 하면 보통, 외국어를 습득해서 그것을 타고난 모국어 실력에 맞추어 그냥 옮기는 작업이라고 믿는 이들이 있다.

외국어를 전문적으로 공부한 사람이라면 통역과 번역이 외국어 습득과는 완연하게 다른 분야라는 점을 안다. 통번역을 하는 데에 외국어 습득이나 모국어는 필요조건이지 충분조건이 아니다. 통역과 번역은 모국어 실력과 외국어 실력 사이의 조율관계 속에 있다. 그 조율관계에는 언어실력 말고도 언어에 대한 사회적 판단, 언어의 정보와 정서구조, 남성과 여성, 문화적 차이, 지리정치학적 영향력, 장르론, 담화분석, 심리학의 주요 분야가 모두 포함된다. 또한 통번역 작업은 이런 학제적 영역을 단순히 포함하는 것이 아니라 이것들을 외국어-모국어의 상호관계에 투영하는 방법을 아울러 포함한다. 따라서, 언어학이나 외국어 어문계열 전공과 통번역학이 독립적인 전공(Major)으로 서로 따로 존재해 왔던 것이다.

한편 통번역학은 응용학문(Applied Science)이다. 즉, 이론이나 실제가 따로 구분되어 있는 것이 아니라 상호 변증법적인 관계 혹은 융합관계를 유지한다. 통번역학자 스스로도 이를 가끔 착각하는데, 통번역은 응용작업이고, 언어학이나 심리학, 담화분석론, 문화학 등과 같은 학제적 이론은 통번역의 응용작업을 도와주는 수입학문인 양 생각하는 경향이 있다. 그러나 그렇지 않다. 언어학, 심리학, 담화분석론, 문화학의 영역도 자체적으로 학술이론과 응용실제가 구분되어 있듯이, 통번역학도 마찬가지이다. 수입이 아니라 상호 학제적 관계에서 영향을 주고받는 것뿐이다. 정리한다면, 통번역은 외국어습득의 협소한 영역을 크게 벗어나는 전문영역이며, 통번역학은 학제적 학문과 교호하면서도 자체적인 이론을 구상하고 제시하는 응용학문이다.

통역과 번역, 통번역학의 위상을 이해하기 위해 필요한 것은 논문이나 학술대회를 통한 대화가 주가 될 것이다. 그러나 통번역의 이론과 응용실제를 이해하기 위해 쉬운 길은 교육방법을 지켜보는 일이다. 교육방법 속에는 해당 전공이 가진 이론 및 응용의 특성이 배어 있기 때문이다. 이를 통해 또한 통번역의 지식, 능력, 숙달의 과정을 익힐 수 있다.

이 책은 그런 노력의 산물이다. 구체적이고 예시적인 방법으로 통역과 번역의 교육과정을 펼쳐 놓았다. 통번역이 가진 응용실제의 특성을 보여주며 아울러 응용의 어느 부분에 통역이론이 필요하고, 또 어떻게 만들어질 것인가 하는 점도 간접적으로 밝히고 있다. 이 책은 통번역 교육의 실제과정을 통하여, 교육자에게는 통번역 이론과 실제를 숙고토록 하고 학생에게는 통번역 교육과정의 핵심과 실례를 제공해 준다.

이 책은 L. K. 라티쉐프, V.I. 프로보토로프의 *стркуктура и содержание подготовки переводчиков в языковом вузе*(언어 대학교에서의 통번역사 교육구조 및 교육내용), (НВИ-ТЕЗАРУС,

2001)을 옮긴 것이다. 원서는 러시아 교육부 추천도서이며, 저자들은 통번역 실무를 바탕으로 통번역학을 연구하며 통번역사를 양성하는 교수들이다. 러시아는 뉘른베르그 재판을 통해 세계 최초의 동시통역사를 배출하였는데, 이에 큰 역할을 한 것이 바로 저자가 속한 모스크바 국립 외국어대학교(구 마리야테레자)이다. 러시아는 통번역이론 연구와 통역사, 번역사 양성의 오랜 전통을 가졌다. 현재에도 러시아의 저명한 통번역학 학자를 계속 배출하고 있으며 매년 각 대학에서 국제 학술대회를 개최하고 통번역학 학술지를 발간하고 있다.

러시아어권의 통번역 이론이나 교재가 없다시피 한 한국에서 이 책을 출간한다는 것은 영광인 동시에 부담되는 일이기도 하다. 그러나 영미권의 통번역 경향과 교육내용에 비추어 균형 있는 책으로 받아들여졌으면 하는 마음뿐이다.

독일어 예문 번역을 도와주신 안인경 교수님, 원고정리를 도와 준 정수연 조교, 이보석 조교에게 감사의 마음을 전한다. 흔쾌히 출판을 허락해 주시고 꼼꼼하게 마무리 해주신 외대출판부 탁경구 팀장님께 감사드린다.

2013년 1월

역자 방교영

저자 서문

Вместо предисловия.

Уважаемые корейские коллеги. Надеюсь, что педагогический опыт, собранный в этой небольшой книге, окажет Вам определённую помощь в вашем интересном и полезном труде.

С пожеланием творческих успехов Ваш коллега из Москвы.

Л.К. Латышев.

서문을 대신하여

존경하는 대한민국의 연구자 동료 여러분.

이 작은 책자에 담긴 교육 경험이 여러분의 흥미로우며 유익한 업무에 도움이 되길 희망합니다.

모스크바에서 여러분의 건승을 기원합니다.

L.K. 라티쉐프

목차

역자서문

저자서문

1. 통번역사 교육의 이론과 실제 ·· 1

2. 통역과 번역의 기본 구성요소와 특수성 ·· 3

3. 통역사·번역사가 되는 길 ·· 5

4. 통역사·번역사의 기본교육 ·· 7

4.1 통번역 이론의 기초 ······ 7

4.1.1 통역·번역 기초이론 ······ 7

4.1.1.1 '통번역' 용어의 의미 ······ 8

4.1.1.2 언어 및 민족적 장벽 ······ 9

4.1.1.3 언어 및 민족적 장벽의 극복방법 ······ 9

4.1.1.4 행위로서의 통번역 - 통번역의 사회적 책임 ······ 10

4.1.1.5 간접 의사소통으로서 통번역 ······ 10

4.1.1.6 텍스트로서의 통번역 ······ 12

4.1.1.7 언어 및 민족적 장벽 ······ 16

4.1.1.8 통번역 변환의 수단 ······ 17

4.1.1.9 출발어 및 도착어 텍스트의 의미와 구조의 유사성 …… 19
4.1.1.10 통번역 과정의 내용 …… 21
4.1.2 통번역의 능력과 연습과제 …… 23
4.2 통번역의 테크닉 …… 27
4.2.1 도착어 텍스트 언어형식의 문제 …… 27
4.2.1.1 통번역 텍스트 언어형식 …… 28
4.2.1.2 도착어 텍스트 언어형식 …… 34
4.2.2 통번역의 내용전달 …… 41
4.2.2.1 통번역 내용전달의 이해 …… 41
4.2.2.2 번역시 내용전달의 문제 …… 77
4.2.3 최적의 번역표현 찾기 …… 91
4.2.3.1 알아야 할 것들 …… 91
4.2.3.2 최적의 번역표현 찾기 능력 …… 100

5. 통번역의 일반능력 배양 ·· 105

5.1 통번역의 종류 전문 지식 및 기술 …… 105
5.1.1 번역 능력 및 숙달 …… 106
5.1.2 통역 능력 및 숙달 …… 114
5.1.2.1 통역에 필요한 능력 및 숙달 …… 114
5.1.2.2 시역 능력 및 숙달 …… 119
5.1.2.3 문장단위 통역의 능력 배양 및 숙달 …… 121
5.1.2.4 대화체 통역의 능력과 숙달 …… 123
5.1.2.5 순차통역 능력배양 …… 124
5.1.2.6 동시통역 능력 배양 …… 126
5.2 통번역 실습의 일반원칙 …… 134

6. 통번역의 전문능력 배양 ·· 137

6.1 해당분야 학습 및 관련 전문용어 습득 ······························ 138

6.1.1 전문용어 학습 ·· 138

6.1.2 전문분야 입문 수업 ··· 139

6.2 전문 통·번역 숙달훈련 ··· 141

6.3 전문통번역 주제 선정 ··· 143

7. 통번역사 양성을 위한 과정 종합 ·· 145

부록 통역과 번역에 쓰이는 용어들 ·· 149

찾아보기 ·· 160

1

통번역사 교육의 이론과 실제

학문은 인간의 실제 사회활동을 토대로 발생한다. 다양한 실제상황을 바탕으로 형성된 학문은 해당분야 전문가들이 보다 효과적으로 문제를 해결하고 어려움을 극복할 수 있도록 도와줌으로써 건설적인 반향을 끼치는데 이 같은 분야를 응용학문이라고 한다.

통번역학이 바로 응용학문에 속한다. 통역사와 번역사의 뇌 속에서 이루어지는 일련의 통번역 과정을 관찰할 수는 없기에, 현 단계로서는 통번역학을 체계적으로 만들고자하는 몇 이론에 근거하여 관찰 가능한 언어 중개행위를 연구하는 것으로 만족해야 한다.

중요한 연구방법은 '입력'과 '출력', '블랙박스' 자료를 비교하는 것, 출발어 텍스트와 도착어 텍스트를 비교 분석하는 것이다. 이와 같은 연구를 통해 통번역 이론은 통역사 교육 및 재교육, 보다 효과적인 새로운 교육방법의 개발, 교재, 참고서, 안내서 개발에 실질적인 기여를 할 수 있다.

현재로서 통역사 양성의 근간을 이루는 통번역 이론을 검증할 수 있는 유일한 검증수단이 통역사 교육과 재교육이다. 이론을 도입하여 통역사 교육의 효율성을 제고하는 것은 바로 통번역 이론의 적정성을 간접적으로 확인하는 것이기 때문이다. 따라서, 통번역 이론을 실습과 분리하는 전통은 충분한 정당성을 확보하지 못한다. '통번역이론'은 학기 초에 통역 및 번역 공통 과목의 한 부분을 이루는 것이 적절하며 강의 목적에도 부합한다. 통번역 이론은 통번역 실습과목을 통합하고 처음부터 끝까지 전체를 아우를 수 있어야 한다.

이론과 실기를 분리하려는 시도는 통역과 번역, 통번역의 역사 또는 통번역 메타이론(통번역의 이론적 개념의 개관과 비평)과 같은 인접학과를 그 대상으로 하는 통번역이론의 변형을 초래하는 것이다.

2

통역과 번역의 기본 구성요소와 특수성

통번역 학과의 목적은 예비 통번역사들에게 성공적인 통역과 번역 수행에 필요한 기본요소 지식, 능력, 숙달의 전문성을 배양시키는 것이다.

통번역의 기본요소는 번역텍스트(과학기술, 비즈니스, 신문잡지 등)의 장르나 통번역 종류에 상관없이 통역과 번역을 할 때 필요한 지식, 능력, 숙달로 구성된다. 통번역의 전문요소라 하다면, 번역, 화상통역, 문장통역, 순차통역, 동시통역 등 통번역 방식에 필요한 지식, 능력, 숙달이다. 과학기술, 비즈니스, 예술분야 등 다양한 분야의 텍스트 번역도 이에 포함된다.

대학에 개설되는 대부분의 공통과목은 통번역의 기본요소를 중심으로 편성된다. 제한된 교육시간 동안 모든 전문분야의 지식을 이해하고 전문용어를 습득하는 것이 불가능하기 때문에 통번역의 전문요소를 중심으로 개설되는 과목은 일정한 한계를 갖는다. 일반텍스트(시사평론, 비즈니스 등)와 한 두 분야의 전문텍스트(법률, 경제, 기술, 생물, 의학 등)의 번역을 익히는 것으로 한정 된다.

통번역 전문분야에서 동시통역 테크닉 습득은 한계를 가질 수 밖에 없다. 권위있는 통역사 양성기관의 경험에서 보듯이, 학생들이 모두 천부적 재능을 가진 동시통역사가 될 수는 없다. 더욱이 동시통역 교육은 오랜 시간을 필요로 한다. 따라서 동시통역사 교육은 보통, 공통과목(보충/추가과목, 선택과목, 심화과목)으로 편성되어 동시통역의 기본을 소개하는 정도로 제한된다.

3

통역사·번역사가 되는 길

통역사·번역사의 자질은 지식, 능력, 숙달이라는 형식으로 구성된다. 통역사·번역사가 되는 길은 보통 지식 → 능력 → 숙달, 다시 지식(직업의 '심오한' 본질을 이해하는 것) 단계로 이루어진다. 재능 있는 독학자들도 역시 이와 같은 단계를 밟곤 한다. 이러한 방법은 트레이너들이 프로 스포츠맨을 훈련시킬 때도 폭넓게 사용하고 있다.

지식-능력-숙달 삼 단계에서 능력이 가장 중요하다. 능력은 행위와 지식을 종합하는 통번역의 바탕이라 할 수 있다. 구체적인 문제해결에 도움이 되지 않는 추상적 이론지식과 달리, 능력은 환경에 자동적으로 대처하게 해준다. 그러나 자동적이지만 기계적으로 업무를 수행하는 숙달 단계와 달리, 능력은 의식적으로 계발된다는 차이가 있다. 능력은 의식적으로 구현되기 때문에 통번역 기술을 놓쳤을 경우, 무의식적으로 발현되는 숙달 단계보다 훨씬 빠른 속도로 회복이 가능하다. 대학에서 통·번역 수업에 할애할 수 있는 시간이 제한되어 있다는 것을 고려하면, 통·번역 능력향상을 위한 방안을 마련하는 것이 중요하다.

일개의 대기업도 각자의 고유한 전문용어를 사용하는 현실을 감안하면, 구체적인 일자리를 타킷으로 통·번역사 교육을 하는 것은 불가능하다. 게다가 직장에서 경력을 쌓는 동안 통역사, 번역사의 직책이 몇 번씩 바뀌는 것이 보통이다. 이런 이유로 어느 현장에서든 실무교육을 받아 활용할 수 있도록 그에 대한 기본교육을 대학에서 받아야 하는 것이다. 여기서 기본교육이란 주로 지식과 실용테크닉을 종합하여 얻어지는 실력을 의미한다.

교육 방법론에 있어서 이론지식을 토대로 형성된 실력은 이론과 동떨어진 실무교육과 현재 대학의 통·번역 교육에 존재하는 통번역 이론 사이의 격차를 좁혀 줄 가교 역할을 한다. 이로써 대학의 전문가 양성 교육과정에서 필수적인 이론과 실습을 겸비한 통·번역사 양성을 가능케 할 것이다.

4

통역사·번역사의 기본교육

앞서 말한 바에 따라, 통역·번역의 기본교육은 주로 학습자들에게 이론 및 응용지식을 가르치고 이를 토대로 예술, 시사, 과학기술, 비즈니스 등 다양한 분야의 통역·번역에 필수적인 실력을 실습을 통하여 배양시키는 것이라고 볼 수 있다.

통역·번역 기본교육으로서 이론 및 응용과목은 '통역·번역이론'과 '통역·번역실무' 두 부분으로 나누어 진행하는 것이 적절하다. 수업의 내용은 다음과 같다.

4.1 통번역 이론의 기초

4.1.1 통역·번역 기초이론

'통역·번역 이론의 기초'에서 학생들이 배우는 지식은 최대한 구체적이고 실용적이어야 한다. 어려운 과제나 문제를 해결할 때, 지식을 능력으로 전환시켜야 할 때 학생들은 바로 이 지식을 사용할 수 있다.

통번역 이론의 지식을 기계적 이거나 통번역사에 대한 백과사전적 일반 지식과 혼용하는 것은 적절치 않다. 실용성이 배제된 지식은 '통번역 역사와 사상', '통번역학 및 그 발전단계' 등의 과목에서 충분하게 다룰 수 있을 뿐만 아니라 다양한 선택과목을 통해 일반 지식을 보충할 수 있다.

통번역 이론에서 다루는 지식은 이론들이 서로 논리적으로 연결될 수 있는 체계성을 갖추어야 한다. 그래야 통번역 실습과목에서 어려운 과제나 문제를 해결할 때 간결한 이론해설로 구체화되고 명료해진다. 전문가의 통번역과 출판물을 포함하여 제반 통역 및 번역물의 질을 분석해보면 품질이 낮은 결과가 생산되는 이유가 보이는데, 이는 진정한 통번역이 무엇인지 모른 채, 통번역을 단순한 바꾸어 말하기 수준으로 생각하는 데서 비롯된 것이다. 직역과 의역의 경계가 어디인지 개념이 규정되지 않는 것이다. 통번역에 관한 개념을 명확히 하기 위하여 통번역사는 다음 사항을 주지하여야 한다.

4.1.1.1 '통번역'(перевод) 용어의 의미

'통번역'이란 통역과 번역행위의 결과물인 텍스트를 뜻한다. 또한 결과물을 생산하는 통번역사의 행위를 뜻하기도 한다. 통번역사는 이 같은 통역 및 번역의 기본개념을 명확하게 파악해야 한다.

4.1.1.2 언어 및 민족적 장벽

의사소통의 장벽이 있는 사람들이 소통을 원할 때 통번역의 수요(통번역사의 행위)가 발생한다. 의사소통의 장벽은 단순한 언어의 장벽이 아니라, 그에 비견되는 민족적 요소(문화차이, 민족정서, 현안에 대한 정보 등)도 작용하기 때문에 언어 및 민족적 장벽이라고 지칭하는 것이 적절할 것이다.

4.1.1.3 언어 및 민족적 장벽의 극복방법

통번역은 언어 및 민족적 차이를 극복하는 여러 방법 중 한 가지란 사실을 강조하고 싶다. 차이를 극복하는 방법으로는 이를 테면 비언어적인 수단이 있다. '자연스럽게' 약속 된 제스추어, 일반적인 기호, 공식, 그림글자 등이 그렇다.

비언어적 수단을 통하여 소통하고 민족적 장벽을 극복하는 데는 한계가 있기 때문에 이를 도와줄 언어 중개자, 즉 이중 언어자의 도움을 찾게 된다. 이런 이중 언어자의 행위를 언어 중개행위라고 하고 언어중개인의 도움으로 이루어진 의사소통을 두 언어간 간접 의사소통이라 한다.

통역 및 번역 이외에도, 반복하여 다시 말하기, 외국어 텍스트의 개작, 외국 출판물의 요약, 다양한 형태의 유사 통번역(요약, 선별, 논문요약 등), 중개자의 도움으로 의사소통하기 과제("만일 우리가... 한다면, 그들이 어떤 반응을 보일지 알아보시오" 등)등 중개방식이 존재한다. 통번역은 이처럼 실제로 행해지는 다양한 언어중개의 한 가지 형태일 뿐이다.

4.1.1.4 행위로서의 통번역 - 통번역의 사회적 책임

다른 직업과 마찬가지로 통번역도 사회의 수요를 충족(일정한 사회적 기능을 하는)시키는 사회적 책임이 있다. 사회적 책임을 규정하려면 다른 중개행위와 통번역을 비교하기 보다 통번역의 본질적 특성을 서술하는 편이 쉬울 것이다. 다른 소통행위와 통번역을 비교하면, 언어 및 민족적 장벽이 있는 사람들이 외국어로 또는 모국어로 서로 의사소통할 수 있는 유일한 언어중개 수단이 통번역임을 알 수 있다.

따라서 통번역의 사회적 책임은 동일 언어간 의사소통에 최대한 근접해야 할 사명을 의미한다. 어떤 언어중개행위도 이와 같은 사명을 갖지는 않는다. 만일 통번역을 하면서 다시 말하기, 요약 등의 노력을 한다면, 그는 이미 출발어 텍스트의 개작자, 공동저자의 역할을 하는 것이다. 따라서 언어중개행위의 개작된 결과물은 출발어 텍스트 번역에 중개자의 개작을 덧붙인 것이거나 출발어 텍스트의 개작에 번역을 더한 것이 된다. 통역과 번역은 출발어 텍스트에서 최소한의 불가피한 오차만을 허용하는 순수한 중개행위이다.

4.1.1.5 간접 의사소통으로서 통번역

단일 언어간 자연스러운 의사소통이나 통번역사를 통해서 이루어지는 두 언어간 의사소통은 수신자(텍스트의 수신자가 되는 개인이나 대중파트너)에게 일정한 규제적 영향(지적, 정서적 또는 지적·정서적 성격의)을 끼치는 데 목적이 있다는 것이 현대 언어학의 자명한 이론이다. 통번역의 사회적 책임이 단일 언어간 의사소통과 동일하게 언어장벽을 극복하는 의사소통에 있다면, 출발어의 수신자가 출발어 텍스트에서 보이는 반응과 통번역 된 도착어 텍스트에서 보이는 반응이 등가를 이루어야 함을 뜻한다. 이때 출발어 텍스트(국제회의, 협상 등)에 반응하는 수신자가 실제로 존재하는지의 여부는 중요하지 않다. 도식화하면 다음과 같다.

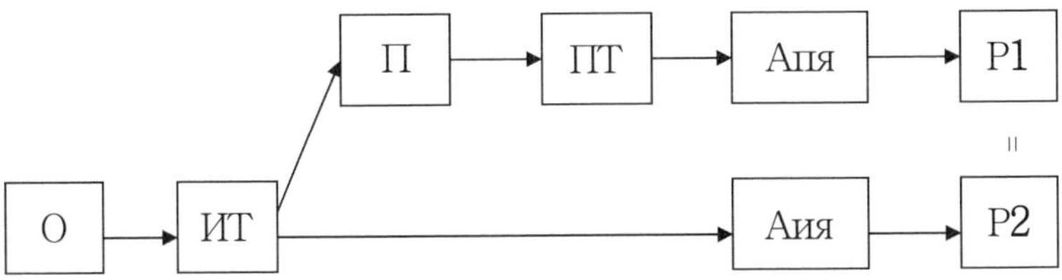

О	: 송신자
ИТ	: 출발어 텍스트
П	: 통번역사
ПТ	: 통번역 텍스트
Апя	: 수신자, 통번역을 필요로하는 도착어 화자
Аия	: 수신자, 출발어 원문에 반응하는 출발어 화자
Р1	: 도착어 텍스트에 대한 도착어 화자의 반응
Р2	: 출발어 텍스트에 대한 출발어 화자의 반응
‖	: 등가성 표시

위 도표는 외국어 텍스트의 이해, 어휘, 문법을 테스트하는 수업에서 하는 통번역연습과 실제 수요자를 위한 통번역의 차이를 잘 보여준다. 출발어-송신자 및 도착어-수신자 반응의 등가성에 견주어 보면, 수신자의 반응은 잠재적이며 추상적인 성격을 가졌다는 것을 강조할 필요가 있다. 텍스트에 관한 수신자의 구체적 반응은 내재성/생산성에 기반하며, 이는 수신자의 개인적 성향(가치관, 세계관, 교육, 기호,

편견, 의사소통 대상에 관한 정보 수집정도 등)에 따라 규정된다는 사실을 알 필요가 있다.

출발어 텍스트(통번역 텍스트가 아니라)의 송신자(저자)도 이 모든 것을 고려하여 자신의 텍스트를 구성한다. 만약 송신자가 텍스트를 잘못 구성한다면(의사소통 상대에게서 필요한 결과를 얻지 못한다면), 실수의 책임은 송신자가 진다. 언어중개인은 송신자가 의사소통의 전술을 펴는데 실수한 것을 보고 그것을 어느 정도 완화시키고 정정할 수 있을 것이다. 그러나, 그런 행위는 통번역사의 고유한 영역을 벗어나는 것이며 그에 책임을 져야 한다. 이를테면, 회담이 결렬되거나, 자의적 해석에 대해 통번역사를 비난할 수 있다.

통번역사가 통번역 영역 내에서 텍스트를 이해하고 전달하기만 하면 송-수신자가 출발어 텍스트에 대해 반응하듯이 도착어에도 반응하도록 언어장벽을 제거 할 수 있다. 이러한 의미에서(개연성 또는 가능성으로 표현되는) 통번역에서 서로 동일시되는 두 송-수신자의 잠재적 반응에 대한 입장을 이해해야 한다.

4.1.1.6 텍스트로서의 통번역

현대 언어학은 주로 텍스트를 의사소통의 도구로 간주한다. 이와 함께 통번역의 사회적 책임이라는 명제를 고려할 때, 도착어 텍스트는 의사소통 층위에서(언어 및 정서적 작용 층위에서) 완전하게 출발어 텍스트로 전환되어야 한다[1].

---

1) См. сборник. Текст как инструмент общения, М.: Институт языкознания АН СССР, 1983-С.103-119

도착어 텍스트는 출발어 텍스트에서 파생된다. 즉 도착어 텍스트는 출발어 텍스트의 특성을 토대로 다른 문화와 언어로 재구성되는 것이다. 또한, 도착어 텍스트는 두 언어 및 그에 수반되는 여러 요인에 의해 출발어 텍스트와 다를 수밖에 없다. 이는 통번역사의 가장 중요하고 현실적인 문제가 무엇인가를 보여준다. 도착어 텍스트가 출발어 텍스트와 어떤 점에서 반드시 일치해야 하고 또 어떤 점에서는 일치하지 않아도 되는 지에 관한 문제이다.

모든 텍스트는 기능(잠재적 작용), 내용, 구조라는 세 가지 중요요소를 가지며 비교적 서로 독립적으로 존재한다. 텍스트 내의 한 단어 "물!" 이라는 외침은 동일한 구조와 내용을 가졌지만, 상황이 다르면 서로 다른 기능을 한다. 사막에서는 기쁨의 외침이겠지만, 광산에서는 혼란을 야기할 것이다. '탐험대는 양식을 전부 소비했다'와 '탐험대의 식료품이 바닥났다'의 내용은 서로 같지만, 서로 다른 구조를 갖는다. '그녀는 아이의 아버지를 잃었다'(Она лишила своего ребёнка отца)의 문장은 구조가 바뀌지 않으면서도 상황맥락에 따라서 '그녀는 남편을 떠났다'(Она ушла от мужа), '그녀는 남편을 감옥에 가두었다'(Она засадила своего мужа в тюрьму), '그녀는 남편을 죽였다'(Она убила своего мужа)등 다양한 내용을 표현할 수 있다. '잃다'(лишить)라는 동사는 경우에 따라서 사건의 정도(첫 번째-상대적인 상실, 두 번째-일시적 상실, 세 번째-돌이킬 수 없는 상실)를 표현한다.

도착어 텍스트가 앞서 제시한 텍스트의 세 가지 요소를 재생산할 때에 출발어 텍스트를 보다 완벽하게(의사소통 층위에서) 전환한다.

다음의 문장을 비교해보라. '내 누이는 꽃을 좋아한다', 'Моя сестра любит цветы', 'Meine Schwester liebt Blumen', 'My sister loves flowers'.

그러나 단어 대 단어를 전환하듯이 명백한 통번역이 항상 가능한 것은 아니다. 무엇인가를 희생하게 된다. 무엇을 희생할 것인가? 출발어의 기능이 절대로 희생될 수 없다는 원칙은 불변이다. 다만, 출발어 텍스트의 잠재적 작용이 통번역 수단으로 재표현되는 것이 비교적 소수지만 불가능한 예외적인 경우가 있는데, 이는 심한 문화적 차이 때문일 수 있다. 예를 들면, 한 문화권에서 어떤 현상이 긍정적(아니면 부분적으로 긍정적)으로 받아들여지는 반면, 다른 문화권에서는 매우 부정적으로 받아들여진다면, 해당 현상에 관한 원문 및 번역문에서 등가성을 찾는 것은 가능하지 않다. 기능적 등가성을 확보할 수 없는 또 다른 원인은 곁말이 담화의 본질적인 부분이 되는 경우와 같이 두 언어간의 차이에 근거한다. 이 경우에는 통번역의 선택성(그와 같은 표현을 통번역 할 수 있을까 없을까 하는)에 관한 문제가 제기된다.

내용을 희생할 것인가의 문제는 텍스트가 예술텍스트인 지 정보텍스트인 지, 텍스트의 두 분류 중 어느 쪽에 속하느냐에 따라 규정된다. 예술텍스트는 정보 텍스트보다는 출발어로부터 좀 더 벗어 날 수 있다. 미학적, 정서적 기능을 살리기 위해서다. 하지만 순수 정보텍스트와 순수 예술텍스트는 분류 상 양극일 뿐, 두 텍스트 사이에는 특성을 어느 정도씩 혼합하고 있는 많은 텍스트가 있다(사회평론, 연설문, 현장 리포트, 격문, 광고, 회상록 등). 예술적 요소는 명료한 '비교', '메타포', 풍부한 '수식' 등의 형태로 학술적 텍스트에서도 자주 볼 수 있다.

출발어 텍스트의 구조는 대부분의 경우 의사소통의 가치가 낮아서 통번역 과정에서 재구성을 그리 하지 않는다. 다만, 구조가 텍스트에서 중요한 의사소통 요소인 경우는 예외이다. 여기에는 시어, 시의 운율, 암운 등 포함된다. 또한 다양한 곁말과 경구 등도 있다.

앞서 제시된 명제들은 전반적인 통번역 전략을 선택하는데 도움을 줄 수 있을 뿐이다. 텍스트의 어떤 구성요소를 통번역을 통해 전달할 것인가를 구체적으로 결정하고, 재구성의 가능성 여부, 그 요소의 기능과 불가피하게 희생되는 요소의 중요성을 고려하는 일은 각각의 구체적인 예에 따라 결정된다.

도착어가 구조적으로 출발어의 의미를 벗어나는 경우는 주로 다음과 같다. 1) 도착어에 출발어를 재현할 수단이 없을 경우, 2) 출발어 텍스트를 그대로 모방할 경우 오해, 애매모호한 이해, 난해함, 미학적·정서적 효과의 파괴, 부적절한 수신자의 감정표현 등이 생겨 의사소통에 적절치 못한 영향을 주는 경우이다.

1)의 원인에 의해 야기된 경우를 유사변환(квазитрансформация)이라 칭한다. 이 경우 유사변환은 불가피하다.

2)의 원인에 의해 야기된 것으로, 의미-구조를 벗어나는 것을 변환(трансформация)이라고 한다. 변환은 목적지향적인 의식적 성격을 갖는다.

4.1.1.7 언어 및 민족적 장벽

개인의 의사소통영역은 방대한 요소로 이루어진다. 어휘단위와 형태가 결합하는 어휘단위, 문법형태와 규칙 등 언어지식과 언어 및 화법 전통에 맞게 언어를 사용하는 능력이 모두 포함된다. 민족문화에 대한 지식도 구성요소이다. 나아가 송신자가 염두에 두고 있는 화제에 관하여 수신자가 어느 정도 사전정보를 갖느냐도 개인의 의사소통영역의 구성요소이다.

이런 의사소통영역의 요소는 언어-민족적 측면과 비언어-민족적 측면으로 나눌 수 있다. 비언어-민족적 측면으로는 의사소통 참여자의 개인적인 성격(관심분야, 신념, 기호 등)과 그가 어떤 사회집단(직업, 연령, 정치, 종교 등)에 소속되느냐에 따라 달라지는 사회적 성격이 있다.

통번역사는 단지 의사소통 참여자가 지닌 언어-민족적 장벽 즉 언어-민족적 차이만을 극복할 수 있도록 돕는 것이다. 만일 통번역사가 업무의 이해관계에 의해 내용을 지나치게 단순화 시키거나 심사숙고하여 통역 수신자에게 변형된 내용을 전달한다면 그는 사회적 임무와 통번역의 경계를 넘어선다. 통번역의 영역을 벗어나도 된다는 확실한 이해가 있거나, 수신자의 승인이 있을 때만 출발어 텍스트-송신자(저자)의 영역을 침범할 수 있는 것이다.

의사소통에 참여하는 서로 다른 언어 사용자의 의사소통 영역의 언어-민족적 차이, 즉 언어-민족적 장벽에는 다음과 같은 요소가 있다.

1. 출발어 및 도착어 언어체계의 차이
2. 언어규범의 차이
3. 관습의 차이(구어규범)
4. 언어-민족적 사전 정보량의 차이

1, 2, 3에서 제시한 요소의 특성은 차차 설명할 것이다. 4번 요소는 모든 텍스트를 대하는 수신자가 어느 정도 사전정보를 가진다는 전제에 관한 것이다. 서로 다른 언어를 사용하는 수신자들이 지닌 사전정보의 보유량이 현격히 다를 수 있음을 의미한다. 이러한 차이는 민족문화 분야와 당시 상황에 대한 정보(외국인을 직책 없이 부르는 것)에서 나타난다.

4.1.1.8 통번역 변환의 수단

언어-민족적 장벽을 극복하는 중요한 방법의 하나는 다양한 변환을 도입하는 것이다. 통번역에서 모든 변환은 원칙적으로 언어-민족적 장벽을 극복하기 위한 것으로 이해된다. 여기서 변환이 과연 얼마나 필요한가 그리고 어느 수준으로 할 것인가 하는 질문이 제기된다. 일반적으로 변환을 필요로 하지 않거나 지나치게 급진적으로 하는 변환을 의역이라 하고, 필요한 순간에 변환을 하지 않거나, 충분하게 변환하지 않는 경우를 직역이라고 한다.

의역과 직역 모두 원문의 의미, 내용, 정서적 미학적 기능을 본질적으로 왜곡할 수 있으므로 통번역사는 직역과 의역 사이에 존재하는 통번역의 질적인 본성 즉 적절한 통번역의 변환을 추구해야 한다.

개별적인 경우마다 적절한 통번역 변환을 찾으려면 통번역사는 필요한 경우, 원문에서 지나치게 멀리 벗어나지 않으면서도 벗어날 수 있는 능력, 즉 중용을 지킬 수 있어야 한다. 변환을 할 때, 직역 또는 의역의 양극단으로 빠지지 않기 위해 통역사는 다음 사항을 포괄적인 전략지침으로 삼을 수 있을 것이다.

1. 변환의 동기 / 이유

변환은 도착어 텍스트가 수신자에게 출발어 텍스트와 동일한 작용을 하기 위한 목적에 동기화 되어야 한다. 분명한 동기가 없는 변환은 자의적 변환으로 판단, 거부된다. 변환되지 않은 통번역이 어떤 의사소통 효과를 가져 올 것인가를 생각함으로써 변환된 통번역과 변환되지 않은 통번역을 비교하여, 변환의 동기와 적정성을 확인한다.

2. 변환의 최소화

원문의 의미와 구조를 최소한으로 벗어나면서도 기능의 등가성을 확보할 수 있는 변환에 우선순위를 둔다.

3. 통번역 변환 수단의 원칙적 한계

출발어 텍스트와 도착어 텍스트 기능의 등가성 확보를 위한 것이라 할지라도 과도한 변환은 허용될 수 없다. 예를 들어, 돼지기름의 장점을 칭찬하는 텍스트를 회교도 민족의 언어로 통번역할 때 돼지고기를 양고기나 말고기로 대체할 수는 없다. 러시아 신문기사를 서구 언어로 통번역 할 때 러시아식 텍스트 구조(상세한 내용에서 출발해서 결론으로 마무리)를 유럽식 텍스트 구조(개괄적 내용에서 상세한 내용으로 마무리) 바꾸는 것은 허용되지 않는다. 다시 말하자면 변환이란 도착어 텍스트가 출발어 텍스트에서 파생되었다는 사실에 의구심이 드는 '개작'이 되어서는 안된다.

4.1.1.9 출발어 및 도착어 텍스트의 의미와 구조의 유사성

기능적 등가성 외에도, 좋은 통번역은 내용과 구조를 통해 원문과 최대한(등가성의 범위 내에서) 유사한 특징을 갖는다. 통번역사의 이런 노력은 통번역 과정의 객관적 방식을 찾게 한다.

출발어와 도착어 텍스트의 수신자에 대한 기능적 등가성이란 실은 상당히 모호한 개념이다. 일부지만 통번역사들이 출발어 및 도착어 텍스트 사이의 유사의미 및 구조를 찾는 깊은 노력이 없는 까닭에 자의적인 해석이 발생하고 왜곡될 수도 있으며 통번역에서 실제 왜곡이 수차례 이루지기도 한다.

한편, 통번역은 때때로 내용적 요소 또는 의미적 뉘앙스의 손실을 수반할 수 있다는 것을 유념할 필요가 있다. 그런 손실은 대개 미미한 것이지만 불가피하다. 통번역사는 커다란 훼손이 발생하지 않도록 노력해야 한다. 다른 한편, 통번역사가 훼손을 알아채지 못할 수도 있다(손실로 인식하지 않는 것이다). 전문성을 갖춘 통번역사라 해도 때로는 통번역 텍스트를 수신자-독자가 지침으로 삼아 의사소통을 하는 주요소라는 점을 놓칠 경우가 있다. 통번역사는 보통 사람들이 '보통의' 해석자(독자, 청자)라고 전제하지만, 통번역 소비자는 때로 통번역 텍스트에서는 누락된 원문 텍스트의 미미한 내용을 스스로 찾는 경우도 있고 반대의 경우도 있다. 통번역의 과정에서 원문에 없는 어떤 것이 첨가되었는데도 통번역 소비자가 그에 대하여 만족하는 경우이다!

통역사가 '한 번에 두 마리 새를 잡을 수 없다. 'It is impossible to kill two birds with one stone; Невозможно убить двух птиц одним камнем'는 영국격언을 러시아격언인 '두 마리 토끼를 쫓다가 한 마리도 잡지 못한다. За двумя зайцами погонишься-ниодного не поймаешь.'와 서로 완벽하게 일치하는 것으로 전달한 예가 있었다. 통역을 들은 러시아 토론자는 "그래요, 그러나 당신네 토끼는 귀가 안쪽으로 늘어지지요."라고 말했다. 속담의 보편적 의미(러시아어로)에 대한 반응을 예견했던 통역사는 러시아 토론자가 언어표현 즉 '토끼'라는 표현을 가져다가 자신의 반론을 펴는 수단으로 사용하자 당황하였다. 통역사가 텍스트에 충실하게 통역하였다면 이러한 상황은 발생하지 않았을 것이다.

요약하자면, 통번역된 텍스트는 많은 경우 원문텍스트를 대체할 수는 있으나, 모든 의사소통상황에서 완전하게 대체되는 것은 아니다. 통번역 텍스트가 원문 텍스트의 보편적 대체물이 아니라는 것이다. 원문에 보다 근접한 (의미, 구조적 측면에서) 통번역(다른 여러 가능성 중에서)은 출발어 텍스트의 의사소통 대체물로서 도착어 텍스트의 보편성을 높이고 동시에 특별한 상황에서 통번역이 부적절하게 될 가능성을 낮춘다. 출발어와 도착어 텍스트를 의미, 구조적으로 최대한 유사하게 하려고 노력하면, 이해가 되지 않거나 의미가 모호하거나, 의미를 왜곡하는 무조건적인 원문모방 행위를 낳지 않는다.

학생들에게 최대한 원문에 충실해야 할 필요성을 확인시키고 저자를 존중해야 한다는 사실을 주지시켜야 한다. 서적, 기사, 연설의 통번역도 그 저자의 것으로 받아들여지고, 통번역 텍스트는 저자의 담화로 인식된다.

출발어와 도착어 텍스트 사이에 기능적인 등가성을 요구하면서 동시에 의미, 구조적 유사성을 요구한다는 것은 서로 모순 될 수 있다. 등가성을 생각하다보면 종종 원문에서 벗어나야 하기 때문이다.

4.1.1.10 통번역 과정의 내용

통번역사의 머리에서 무슨 일이 일어나는지 보여주는 신빙성 있는 자료는 없다. 따라서 통번역과정에 관한 내용은 가설로서 논의해야 한다. 이를 다음과 같이 두 가지 종류로 나누어 볼 수 있을 것이다.

1. 도착어 언어체계에 기대어 출발어 텍스트의 내용을 지나치게 표현하는 것.
2. 통번역 수신자의 언어-민족적 의사소통요소에 도착어 텍스트를 적응시키는 것 즉, 도착어의 관례와 사전정보에 맞는 언어규범에 맞추는 것.

통번역 과정의 두 측면 사이에서 종종 모순이 발생한다. 규범, 관례, 사전정보의 적정성 등을 감안하여 변환하면서 불가피하게 출발어 텍스트를 수정하여 내용을 훼손하고, 주관적 내용을 종종 첨가시키기 때문이다. 또한, 출발어 내용을 보다 정확하게 전하기 위해서 때로는 관례나 문체의 아름다움을 희생할 수밖에 없는 경우도 있다. 이러한 모순은 관례나 문체의 아름다움을 희생시킨다. 양보다 질을 우선시하는 법칙에 따라 적절한 통번역 변환 기법을 활용함으로써 이 모순이 해소된다.

A. Д. Швейцер는 통번역사가 정확성을 극도로 살리기 위하여 관례에 맞지 않는(익숙하지 않은) 표현을 사용하는 것은 큰 잘못이라고 조언한다. 관례를 벗어난 표현이 많아지면 도착어 텍스트를 이해하기 어렵다. 익숙하지 않은 표현수단은 수신자로 하여금 텍스트 내용을 외면하게 만든다. 이론적으로 통번역은 다음과 같은 네 단계로 상정할 수 있다.

1. 도착어 수단으로 구어로 된 내용을 충분하게 표현하는 것
2. 도착어 텍스트를 도착어 규범에 맞추기
3. 관례에 맞추어 수정
4. 사전정보 차이를 고려한 수정

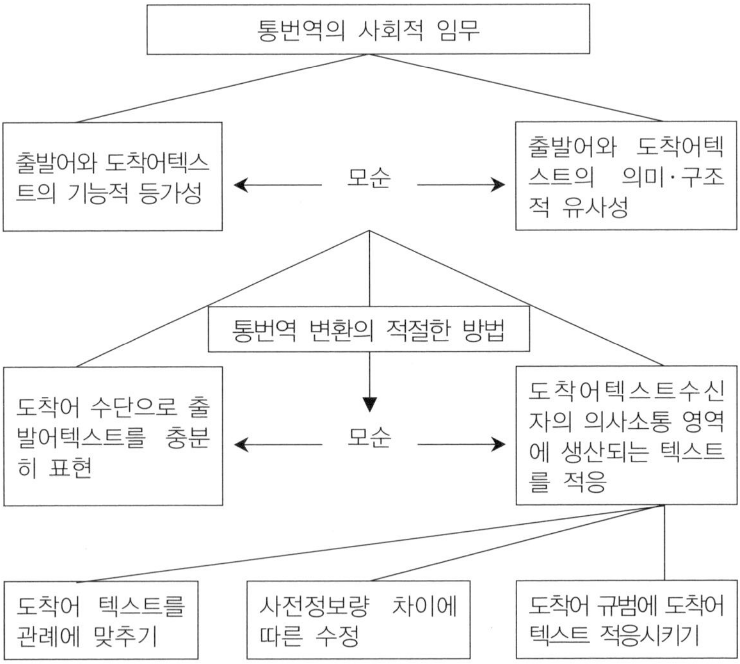

이 과정에서 통번역사는 통번역의 사회적 임무를 염두에 두고, 출발어(출발어의 의미-구조의 실체)에서 멀리 벗어나지 않도록 하면서 동시에 출발어와 도착어 텍스트의 기능적 등가성 확보를 추구한다. 과제 해결, 내용과 관례의 우선 순위를 결정하는 이런 행위는 적절한 방법으로 변환의 문제를 해결한다.

4.1.2 통번역의 능력과 연습과제

현 단계에서 통번역 교육의 실제적인 목적은 학습자들이 통번역과 다른 형태의 언어중개행위를 구별하고 좋은 통번역과 낮은 품질의 통번역을 식별할 수 있는 기본능력을 배양하는 것이다.

학습자들은 원문에 최대한 충실한 통번역(직역)에서부터, 원문의 표면적 형식을 완전히 벗어난 통번역에 이르기까지 '다양한' 통번역 텍스트를 접하여야 한다. 이것은 통번역사의 예단 능력 배양에 필수이다. 통번역이론 기초단계에서 배양되기 시작하는 예단 능력은 향후 학습과정에서 연마되고 자동화되어 숙달된다.

여타의 활동과 마찬가지로 통번역도 목적(반드시 달성해야 하는)과 실행(어떻게 달성할 것인가)이라는 두 가지 측면을 갖는다. 잘 알려진 바와 같이, 어떤 결과가 발생할지 전혀 예견되지 않은 행위는 지표도 의미도 갖지 못한다. 그런 까닭에 목적은 행위의 중요한 구성요소가 된다. 행위구조에 포함되는 모든 활동은 심리적으로 미래의 결과를 예측하는 일정한 목적을 따른다. 따라서 필요한 결과를 대략적으로 상상하고 예측하는 능력과 스킬이 행위에서 아주 중요한 역할을 하는 것이다.

통번역 교육의 취약점으로 종종 대두되는 것이 바로 예측능력 및 테크닉을 적절하게 배양시키지 못하는 것이다. 이런 취약성으로 말미암아, 젊은 학습자들이 학습된 통번역의 틀에서 벗어난 경우에 처했을때, 적절한 통번역의 예를 선별하는데 큰 혼란을 느끼곤 한다. 통번역 연습 때와 마찬가지로, 실제 통번역에서도 예측과 목적을 실현하려는 노력(실현시도)이 거의 동시에 일어난다. 이때 통번역사의 인식 속에서 실행측면이 목적측면을 앞서기 때문에 혼란이 오는 것이다. 따라서 우리의 경험을 토대로 볼 때, 예측능력을 첫 단계부터 보다 효과적으로 배양하는 방법은 통번역을 하지 않으면서 다양한 과제와 연습문제를 통해 어떤 것이 좋은 통번역이고 또 나쁜 통번역인지 보고 이해하고 느낄 수 있도록 학습하는 것이다. 이런 과제와 연습은 통번역 선행단계이며, 실습에 앞서 통번역을 준비시키는 단계이다(예측능력 배양 이외에도 통번역 선행단계연습은 다른 여러 경우에서 사용된다). 번역 이론 학습 과정에서 예측능력을 배양시키기 위하여 다음과 같은 실제 과제를 제안할 수 있다.

예측능력 배양을 위한 과제

과제의 자료는 원문 텍스트와 러시아어 번역 텍스트의 일부분을 발췌한 것이다. 학습자들에게 강한 동기부여를 주도록 실제 출판물로 된 텍스트를 사용하는 것이 좋다. 왼쪽에 원문, 오른쪽에 번역문을 나란히 배열하는 것이 편리하다

T.1 자료: 원문과의 의미, 구조적 유사성의 정도가 다양한 좋은 품질의 번역문 다수.

과제: 의미, 구조적으로 원문과 유사한 번역문과 그렇지 않은 번역문을 찾고, 번역사가 원문에서 왜 멀어져야 했는지 그 이유를 설명하라.

목적: 좋은 번역의 다양한 경우를 제시하고 의미, 구조적으로 원문에서 멀어지는 이유와 그 필요성을 보여준다.

T.2 자료: 일부가 직역과 의역으로 구성된 번역문.

과제: 직역과 의역을 밝혀내고, 적절한 번역을 찾아라. 또한 직역이나 의역으로 지나치게 치우친 번역을 수정하라.

목적: 직역과 의역의 양극을 피하면서, 통번역의 중용을 지킨다.

T.3 자료: 심한 변환을 수반했으되 적정성을 갖춘 번역문.

과제: 변환을 찾아내고, 언어체계, 규범, 관례, 출발어 및 도착어 화자의 사전정보량 격차 등에 따라 동기를 설명하라. 과제를 수행하는 과정에서 학습자는 매번 변환을 하지 않았을 경우를 숙고하게 된다.

목적: 원문의 구조 및 의미적 특성을 살피고, 앞으로의 번역이 어떨지 미리 대략적으로 생각해 본다.

T.4 자료: 내용, 언어규범, 관례 등의 측면에서 왜곡, 부정확, 불명료, 규범, 관례(기능-문체적 오류 포함), 언어사용오류('단절' 대신 '가정의 와해'라는 의미상 실언) 등 다양한 오류가

있는 번역문.

과제: 오류를 찾아 분류하고 없애라.

목적: 번역사들이 어떤 오류를 범하는지 실례를 보고, 반대로 좋은 번역이 무엇인가를 구체적으로 생각함으로써 번역오류를 사전에 예방한다.

T.5 자료: 하나의 원문과 함께 여러 번역사의 다양한 번역문(발췌문이 아니라, 길지 않은 전체 텍스트)

과제: 가장 나은 번역문을 고른 다음, 번역문을 적절한 번역이 되도록 만들라. 번역문의 만족스럽지 못한 부분에 자신의 번역을 제안할 수 있다.

목적: 이상적인 번역에 관한 이론적 개념을 구체화하고 선별능력을 배양한다.

통번역 영역의 기초를 위한 과제와 본 과제는 주로 외국어에서 모국어로의 통번역을 기본으로 한다. 그렇게 하는 이유는 모든 과제가 번역언어, 언어규범, 관례에 관해 학습자가 잘 알고 있어야 하는 도착어의 품질 평가와 관련되어 있기 때문이다. 상기 과제는 임의의 모든 언어에서 또 다른 언어로의 번역에서 대부분 사용할 수 있다. 따라서, 어떤 한 방향으로 통번역을 숙달하였다면, 또 다른 방향으로 숙달할 수 있으며, 나아가 다른 언어 배합의 통번역에서도 사용할 수 있으며 학과의 다른 부분에서도 사용될 수 있다.

4.2 통번역의 테크닉

본 장은 여러 형태의 통번역 과제를 스스로 해결하고, 구체적 과제 해결에 일반적인 이론적 원칙을 적용시키는 과정이다. 이 과정에서 통번역의 '실행적' 차원을 깊이 있게 이해할 수 있도록 한다. 이로써 통번역 이론이 심화되고 구체화 될 것이다. 또한 이론에서 실무로 이행하는 본 장의 단계는 젊은 통번역사들에게 전형적인 통번역의 어려움과 더불어 극복의 방법도 주지시킨다.

학습자들이 통번역 이론적 지식을 세분화하고 보충하면서 과제를 수행하면 상기 단계가 실현된다. 이렇게 해서 이론 자료 및 응용이론과 실무적 성격의 과제가 교체된다.

'통번역 이론'의 장에서 통번역 과정에 관한 이론적 개념을 제시했듯이, '통번역 테크닉'장은 '통번역 텍스트 언어형식의 문제', '통번역에서 내용전달의 문제', '적절한 통번역 안을 선별하는 문제'의 세 부분으로 구성된다. 세 번째 문제에서는 1) 규범과 관례, 2) 내용의 적정성과 그와 같은 결합을 찾아내는 방법 등 통번역의 두 가지 측면을 적절하게 결합시키는 문제를 고찰한다.

4.2.1 도착어 텍스트 언어형식의 문제

방법론적으로 보아, 통번역 테크닉 교육은 통번역 텍스트 언어의 규범, 관례, 의미구조 문제와 관련된 능력을 습득시키는 것부터 시작하는 것이 좋다. 통번역 학습자들이 직역을 피하고, 내용을 재구성 하도록 적절한 언어표현을 선별하는 실력을 배양하기 전에 미리 출발어 텍스트의 내용 재생에만 관심을 집중하지 않도록 하기 위해서이다. 그렇게 되면, 의미는 정확하지만 직역이 되거나 통번역 언어를 부주의하게 다루는 버릇이 고착화될 수 있다.

4.2.1.1 통번역텍스트 언어형식

4.2.1.1.1 통번역 텍스트 언어형식의 요소

텍스트는 내용과 더불어 표현수단을 통해 수신자에게 영향을 준다. 통번역사는 따라서 출발어 내용을 전달하는 여러 표현수단 중, 원문 언어의 수단적 기능에 부합하는 수단을 선택해야 한다.

이 과정에서 통번역사가 고려해야 할 중요한 요소는 텍스트의 언어체계, 언어규범, 관례 및 논리구조(테마-레마 연결고리)이다.

4.2.1.1.2 체계-규범-관례

언어체계라는 것은 말을 서로 결합하고, 구어 텍스트를 구성하는 여러 층위이자 모델이다. 즉 언어단위의 총체이다. 언어체계는 실제로 사용되고 옳다고 여겨지는 것 이외에도, 실제로 사용되지 않고 잘못된 표현이라고 받아들여지는 것도 모두 생산 가능하다. Л. В. Щерба는 사전에 결코 등재된 적도 없고 앞으로도 등재되지 않을 것이지만 언제든 생성될 수 있으며 이해될 수 있는 'писальщик' (먹물쟁이), читальщик (글벌레), ковыряльщик (절뚝쟁이) 등의 표현을 예로 든다.

언어규범이란 하는 것은 일종의 여과기이다. 언어체계가 마구 생산하여 존재케하고 기능하는 것을 여과시키거나 걸러내는 작용을 한다. 언어 내에서 실제로 존재하고 기능하는 것을 허용하고, 언어 내에 존재하거나 구어로서 사용되지 않으며, 사용된다 하더라도 그릇된 표현으로 인식되는 언어체계의 여러 산물을 걸러낸 것이다. 언어규범이란 고로, 언어 및 구어에 대하여 옳고 그름을 규정하는 집단적 개념이다. 언어의 객관적 자료로서 문법 안내서이다. 언어규범은 그런 이유로 역사적 변천을 거듭해왔다.

'구어규범'이라는 것도 언어규범이 가진 여과기능 배후에 존재하는 또 하나의 여과기이다. 언어규범이 체계의 어떤 절대자적인 성격(특정 상황, 대상에 대한 발화로서는 언제나 오류지만)의 오류를 걸러낸다면, 관례는 적절성과 비적절성, 선호도의 높고 낮음이라는 상대적 원칙에 따라 발화를 여과시킨다. 때문에 한 상황에서 적절한 발화, 예를 들어 시장에서 "이 오이 몇푼이유?" 라고 묻는 것은 적절하지만, 귀금속 상점에서 "이 다이아몬드 반지 몇푼이유?"라는 질문은 좀 이상하게 들린다. 따라서 관례는 언어사용에서 대상 및 상황에 따른 규칙이라 규정할 수 있다.

기능적 문체와 규범적 문체는 전통적으로 관례에 의해 드러난다. 통번역의 언어적 측면(적절한 언어표현 수단을 선택하는 측면)을 설명할 때 관례의 개념은 체계나 규범보다 폭넓고 보편적이며 건설적이다. 체계나 규범은 언어학의 전통이다. 이것이 관례의 개념과 어떻게 상호 작용하는 지 설명하고 나서 기능적 문체와 규범적 문체의 개념적 뉘앙스를 사용할 수 있을 것이다.

물적 사회적 관례는 구어전통이다. 관례의 물적 측면은 가격, 시간, 도움 요청, 새해인사 등을 물을 때 통용되는 것이다. 관례의 사회적 측면은 친구들, 동료 및 상사와의 인사, 공식, 비공식적인 자리에서의 발화, 구어로 또 서면으로 교류하기 등 교제상황과 관련된 것이다. 도착어 텍스트는 출발어 텍스트의 물적, 사회적 관례에 맞추어져야 한다.

관례의 수적(數的) 측면은 통번역에 자주 사용되는 표현을 고려하게 한다. 관례가 서로 다르면 질적 측면에서뿐만 아니라, 수적 측면에서도 차별화된다. 여러 언어의 다양한 텍스트를 비교해 보면 한 텍스트에서 특정한 표현수단이 자주 사용되고 있음을 알 수 있다. 예를 들어 러시아어보다 독일어에서 양태를 나타내는 동사가 두 배나 많이 사용된다. 이러한 차이는 번역문에서 수정되어야 한다. 그렇지 않으면 도착어 텍스트가 부자연스러워질 것이며 도착어 텍스트 인식과정에 부정적 영향을 끼치게 될 것이기 때문이다. 따라서 독일어에서 러시아어로 통번역 할 때 양태적 동사가 있는 독일어 텍스트의 절반 정도를 양태가 아닌 다른 러시아어로 표현해야 한다. 반대로 러시아어에서 독일어로 통번역을 할 때는 도착어 텍스트에 양태를 나타내는 동사가 더 첨가되야 한다.

4.2.1.1.3 기능통제요소로서의 언어규범과 관례

텍스트는 내용뿐 아니라 언어표현 수단의 일반성/비일반성의 특성에 따라 수신자에게 작용한다. 일반적인 언어표현 수단(표준, 익숙함)은 내용을 쉽게 인식토록하고, 내용과 의미를 훼손하지 않고 이해할 수 있게 한다. 그렇다고 비일반인 표현이 항상 부정적 성향을 갖는 것은 아니다. 언어표현의 비일반적인 특성은 문학작품이나 시에서 사용하는 기법으로서 미적, 정서적, 해학적 효과를 낸다. 원문의 규범적, 비규범적, 관례적, 비관례적인 비일반적 언어표현은 번역문에서도 그대로 표현되어야 한다.

4.2.1.1.4 텍스트의 의미구조: 테마-레마 구성방법

논리적인 말과 글은 일정한 법칙에 따라 전개된다. 좋은 텍스트는 테마와 레마의 유기적인 연결물이다. 테마는 문장의 출발점으로서 수신자에게 알려진 내용이고, 레마는 수신자에게 전달되는 새로운 정보이다. 발화를 테마와 레마로 나누어보면, 동일한 내용의 발화가 서로 다른 테마-레마 구조로 표현된 예를 제시하기가 수월하다. (레마는 밑줄로 표현)

Группа парламентариев вчера посетила выставку.
국회의원들이 어제 전람회를 관람하였다.

Вчера выставку посетила группа парламентариев.
어제 전람회를 관람한 것은 국회의원들이다.

Группа парламентариев посетила выставку вчера.
국회의원들이 전람회를 관람한 것은 어제다.

좋은 텍스트에서 각 발화의 테마와 레마는 원활한 내용인식을 위한 연속성을 갖는다. 각 발화의 테마, 레마는 몇 가지 방식으로 연결된다.

1. 이전 발화의 레마는 다음 발화 테마의 기초가 된다.

Вчера наши спортсмены прибыли в Олимпйскую столицу.
Она находится на берегу моря.
어제 우리 선수단이 선수촌에 도착했다.
선수촌은 해변 가에 있다.

2. 이전 발화의 테마는 다음 발화 테마의 기초가 된다.

Вчера делегация прибыла в столицу.
Членов делегации встречает мэр города.
어제 대표단이 서울에 왔다.
대표단을 시장이 영접했다.

3. 테마, 레마가 보다 복잡하게 연결되는 방식이 있다. 이전 발화의 테마 또는 레마가 다음 발화의 테마로 단순 이행하는 것이 아니라 전체에서 부분, 또는 부분에서 전체로 전이하는 것으로, 유사성에 따른 전이, 연상에 따른 전이 등이다.

Делегация прибыла в столицу.
В столично аэропорту её встречали министра иностранных дел.
대표단이 서울에 왔다. 서울 공항에서 외무부장관이 대표단을 영접했다.

Он поэт. А поэзия, как известно, требует таланта.
그는 시인이다. 잘 알려진 대로 시를 쓰려면, 재능이 있어야 한다.

4. 이전 발화 의미가 다음 발화의 테마가 될 수 있다.

Самолёт исчез с экранов локаторов.
Необходимо было срочно организовать его поиски.
비행기가 탐지기 화면에서 사라졌다.
신속하게 수색작업을 해야 하였다.

어순이 엄격하지 않은 언어에서는 테마가 레마 앞에 오는 것이 보통이다. 따라서 레마는 테마 뒤에 온다. 때로 통역 과정에서 통역사가 텍스트의 일부를 비교하고 대조하게 되면, 적절한 테마-레마 연결 구조를 세울 수 없게 된다. 번역의 경우는 교정과정에서 테마-레마 연결을 적절하게 구성할 수 있다. 그렇다고 처음부터 가볍게 넘어가서는 안 될 것이다.

4.2.1.1.5 통번역 언어형식의 오류와 통번역 품질

정식으로 통번역 교육을 받지 않은 통번역사들은 순수한 형식적인 오류가 통번역의 내용에 영향을 주지 않는다고 한다. 통번역사에게 가장 중요한 것은 서로 다른 언어를 사용하는 사람들을 이해시키는 것이며, 이를 위해서는 내용을 전달하는 것으로 충분하기 때문에 그 정도의 형식적 오류는 별것 아니라는 의견이다.

이와 같은 견해는 받아들여질 수 없다. 첫째, 언어규범과 관례상의 오류가 내용에 전혀 영향을 주지 않는다는 의견에는 신빙성이 없다. 때로 언어규범과 관례상의 오류는 인식에 상당한 영향을 주어, 발화되거나 집필된 내용의 의미를 애매하게 만들기 때문이다. 둘째, 앞서 언급된 바와 같이, 출발어와 도착어의 등가성은 내용뿐 아니라, 수신자에 대한 기능에도 근거를 둔다. 순수한 형식적 오류는 수신자에 대한 기능적 등가성에 영향을 준다. 기능적 등가성에서는 언어의 규범성과, 관례는 핵심이다. 통번역의 좋지 않은 언어형식은 일반 소비자가 통번역사를 신뢰하지 못하게 하는 결과를 초래한다는 사실을 기억할 필요가 있다.

자신과 타인의 오류를 신중하고도 다양한 방식으로 연구검토 하는 것, 즉 텍스트에서 오류를 발견, 분류하고, 오류의 정도를 규정하고, 오류원인 분석, 오류를 제거하고 교정하는 것 등은 미래의 통번역사를 위해 아주 중요하다. 이러한 작업은 수많은 질환에 예방접종을 하는 것과 비교할 만하다.

통번역 언어형식의 오류는 층위에 따라, 언어규범-관례적 오류, 의미 비중파악 오류, 의미상 오류 등으로 분류된다. 의미상 오류에는 다음과 같이 의미가 맞지 않는 단어를 사용하는 경우를 들 수 있다.

> Ему довелось услышать оскорбления в свой адрес.
> 그는 자신에 대한 모욕적인 발언을 듣게 되었다.

부정적 현상을 지칭하는 표현과 결합되지 않는 동사, довестись(~에 이르다, ~초래하다)의 의미를 억지로 사용한 문장이다. 의미적 오류는 언어체계를 저촉하는 가장 심각한 오류이기 때문에 언어체계적 오류로 분류된다. 반면, 기능/문체적 오류와 규범/문체적 오류는 독특한 관례상 오류로 분류될 수 있다.

원문에 없는 통번역 언어형식상의 실수 혹은 통번역사 자신의 문체상 실수, 통번역사가 출발어의 낯선 언어규범을 전달하고 낯선 관례를 모사하면서 발생한다. 때로는 출발어의 영향 때문이 아니라, 통번역사의 문장력이 나쁜 까닭에 도착어 텍스트의 언어형식의 완성도가 떨어지기도 한다. 미래의 통번역사는 도착어 텍스트의 이와 같은 결함에 주의를 기울여야 한다. 또한 내용을 세련된 문체로 명확하게 표현할 수 있는 실력을 배양하여야 한다.

4.2.1.2 도착어 텍스트 언어형식

실전 연습문제는 통번역 과정에서 통번역사가 부딪히게 될 전형적인 어려움을 극복하고 다양한 유형의 통번역 과제를 수행할 수 있는 능력을 배양하기 위한 것이다. 다시 말하자면, 연습문제는 실전능력(목적달성능력)을 키우고 동시에 예측력을 기르는 데 주안점을 두고 있다.

기본교육의 모든 연습문제는 번역, 또는 눈으로 보고 구두로 수행한다. 개별적인 상황에 따라 어떤 방식을 선택할 것인지는 교수의 재량이다.

1. 자료: 길지 않은 외국어 발화와 의미구조가 원문과 상당히 다른 러시아어 번역.

과제: 번역문의 의미구조가 달라진 이유가 언어체계, 언어규범, 관례 중 어떤 것인지 규정하라.

목적: 두 언어체계, 두 언어규범, 두 가지 관례의 상호관계라는 요인이 번역문에 끼치는 영향을 보다 명확하게 구체적으로 인식한다. 이러한 특성은 원문의 의미구조에서 벗어나야 하는 필요성 정도로 표현된다.

언어체계의 차이: 출발어 표현이 도착어에 없는 까닭에 원문의 의미구조에서 벗어나는 것은 피할 수 없다.
언어규범의 차이: 원문의 의미구조에서 벗어나는 것이 반드시 필수적이라고 할 수는 없다.
관례의 차이: 번역과정에서 관례를 고려하지 않았다 해서 그릇된 번역이 되지는 않는다. 언어표현이 적절치 못하다면 원문의 의미구조를 벗어날 필요가 별로 없다. 그러나 관례에 어긋나는 표현(특히 자주 사용될 경우)이 번역문에 대한 이해를 어렵게 한다면, 의미구조에서 벗어날 필요가 있다.

통번역 변환의 다른 원인을 파악하게 되면 출발어와 도착어 텍스트 의미구조 근접성의 필요정도를 미리 숙고하고 적용할 수 있게 된다.

2. 자료: 특별한 어구를 포함한 외국어 텍스트

과제: 최대한 러시아어 관례에 맞추어 번역하라. 가능한 한 원문에 가깝고, 의미 구조적으로는 원문에서 벗어난 번역문을 제시하라.

목적: 어구를 통번역할 때 관례의 문제를 해결할 수 있는 특별한 실력을 쌓는다.

3. 자료: 많은 부분이 '단어 대 단어'로 직역하기 어렵지 않은 외국어 텍스트. (예. Я принадлежу к этому профсоюзу 나는 이 노동조합에 소속되있다.). 모든 직역표현에 직역적인 요소가 적은 부분이 있고 보다 관례적인 요소를 지닌 번역문이 있다. (예. Я член этого профсоюза Я состою в этом профсоюзе 나는 이 노동조합의 회원이다.)

과제: 관례적 요소가 많은 번역문은 선별하라.

목적: 관례적 표현을 민첩하게 받아들이고, 번역문에서 보다 자연스런 언어표현을 찾는 능력을 기른다.

4. 자료: 해당언어 고유의 표현수단으로 의미를 표현한 외국어 텍스트.(예, 'Высокая степень чего-то', 'начало чего-то', 'конец чего-то', 'каузация чего-то', 'прекрашение чего-то', 'повышение чего-то', 'понижение чего-то').

과제: 관례적 표현은 자료를 살려 번역하라.

목적: 관례의 일치와 불일치를 보여주며 적절치 못한 직역을 예방하고 표준적 표현의 통번역 문제를 해결할 수 있는 능력을 배양한다.

5. 자료: 4와 같이 러시아어 고유표현이 포함된 러시아어로 된 텍스트.

과제: 외국어 사전을 사용하여, 외국어 관례에 맞게 통번역 하라.

목적: 사전활용 능력 배양

6. 자료: 쌍을 이루는 길지 않은 모국어 텍스트(완성된 텍스트의 발췌문). 두 텍스트의 내용은 실제적으로 동일하다. 두 텍스트의 차이는 서로 다른 기능적 문체에 있다. 첫 텍스트는 일상적 문체이고, 또 다른 텍스트는 대중언론 매체의 문체이고, 또 하나는 예술 텍스트, 나머지는 공식문서의 문체이다.

과제: 문어 또는 구어 텍스트가 어떤 기능적 문체이고 송신자와 수신자의 관계가 어떠한지 (공식적, 중립적, 가까운) 규정하고, 그런 결론을 내릴 수 있는 언어 표현의 특징을 밝혀라. (예를 들어, 저급한 어휘사용, 단순한 문장, 반복, 생략된 구조, 미완성구 등은 일상적 구어체의 특징이다.)

목적: 기능문체를 구별하고, 언어표현의 특성을 볼 수 있는 안목을 기른다.

7. 자료: 6과 같은 외국어 텍스트

과제: 기능적 문체의 규범을 준수하면서 러시아어로 통번역 한다.

목적: 통번역 과정에서 기능적-문체적 적정성 확보 능력 배양

8. 자료: 다양한 규범적 문체의 뉘앙스를 지녔으나 동일한 의미를 갖는 동의어(러시아어) 규범적 문체의 뉘앙스를 도표화 하면 다음과 같다.

고양된 표현	중립적 표현	중립적-구어적 표현	친밀한 표현	저급한 표현
Скончаться 돌아가시다 서거하시다	Умереть 죽다	Померeть 죽다	Приказать Долго жить, Дать дуба	сдохнуть 뒈지다
Вкушать 드시다	Есть 먹다		Рубать베다, 자르다 Хавать	жрать 쳐먹다

과제: 각 칸에 적당한 동의어를 써넣기

목적: 규범적·문체적으로 다양한 어휘 활용능력 배양.

9. 자료: 외국어와 러시아어로 된 8과 동일한 텍스트.

과제: 각 칸에 러시아 동의어를 써 넣고, 일치하는 외국어 표현을 찾아라.

목적: 규범적·문체적인 다양한 어휘 활용능력 배양, 규범적·문체적 뉘앙스 도표에 따라 문체적으로 동의어를 배열하는 능

력 습득(모든 빈칸에 동의어를 넣을 수 있는 것은 아니며 언어에 따라 비대칭적인 표가 만들어 질 수 있다.)

10. 자료: 동일한 의미의 어휘단위이지만 규범적·문체적 뉘앙스가 서로 다른(бесплатно, безвозмездно, задарма 등) 발화가 여러 개 포함된 외국어 텍스트.

11. 자료: 현대어법에 맞는 외국어 대화문.

과제: 러시아어법을 최대한 맞추며 러시아어로 통번역하기.

목적: 목적 및 상황적 어법에 맞게 통번역 할 수 있는 능력 개발. (대화를 통번역할 때는 어휘단위와 표현의 의미가 아니라 주어진 상황에서 대상에 관하여 이야기 하는 것으로 전달해야 한다.)

12. 자료: 언어규범 및 어법상 오류(기능적 문체상 오류와 규범적 문체상 오류 포함)가 있는 외국어원문과 러시아어 번역 텍스트의 발췌문.

과제: 오류를 찾아내고, 러시아어의 규범과 어법이 파괴된 구체적 오류를 규정하고 수정하라.

목적: 좋은 번역에 대한 이해도를 높이고 번역교정 능력을 배양한다.

13. 자료: 12의 동일한 자료,

통번역문에 의미상 오류에 해당하는 또 다른 성격의 오

류가 있다. 주로 의미상 서로 합치될 수 없는 어결합, 또는 동음이의어에 의한 반복 등이다.

과제: 11과 동일하다.

목적: 앞서 말한 형태의 오류 예방, 좋은 번역에 대한 이해도 제고, 적절한 언어표현 선별능력을 키운다.

14. 자료: 동일한 장르의 러시아어 텍스트와 어법의 빈도 측면에서 큰 차이를 보이는 외국어 텍스트. 앞서 예를 들었듯이, 독일어에는 러시아어보다 양태적 동사(модальные глаголы)가 평균 두 배 많다. 따라서 독일어의 양태적 동사를 러시아어로 하나하나 직역하면, 러시아 어법을 빈도측면에서 저촉하게 된다. 양태적 동사가 너무 많아져서 자연스러운 러시아어의 '음'을 잃는 것이다. 이를 사전에 방지하기 위해서는 독일어 양태적 동사 두 개 중 하나를 '간접적'인 방법으로 러시아어로 옮겨야한다.

과제: 출발어와 도착어의 상이한 빈도수를 고려하고, 앞서 제시된 '간접적' 통번역 수단을 이용하여 외국어 텍스트를 러시아어로 번역하라.

목적: 어법의 빈도수를 알고, 각 텍스트의 빈도수 차이로 발생하는 문제 해결능력을 기른다.

15. 자료: 자연스럽고 논리적으로 구성된 모국어 텍스트 10-15개 그룹. 모든 텍스트는 서로 동일하나, 테마-레마 구조는 다

르다.

과제: 각 그룹에서 적절한 테마-레마 구조의 텍스트를 하나 골라서 논리적이며 쉽게 이해될 수 있는 (문장 연결에 혼란이 없는) 텍스트로 만들라.

목적: 텍스트를 논리적으로 구성하는 능력을 기른다. (테마-레마의 적절한 연결)

16. 자료: 15와 동일한 외국어 자료

17. 자료: 테마-레마 구성에 결함이 있는 모국어 텍스트

과제: 테마-레마 전개상 결함을 수정한다.

목적: 상동

18. 자료: 17과 동일한 외국어 텍스트

4.2.2 통번역의 내용전달

4.2.2.1 통번역 내용전달의 이해

텍스트 내용에는 수신자의 인식에 각인되고 직접적으로 의미효과 창출에 참여하는 의미와 구조적 요소가 포함된다. 의미와 구조적 요소는 상황에 따라 의미구성요소가 될 수도 있고 그렇지 않을 수도 있다. 우리가 복도를 지나갈 때 동료들과 나누는 'здравствуйте'(안녕)이라는 인사를 파생시킨 'здравствовать'(건강하게 지내다. 건강하다)는 의미 구성에 관여하지 않으며 내용적 요소가 되지 않는다. 그

러나 고리키의 환상적 단편소설 『악마에 관하여』(о чёрте)에서 인사와 '건강하라'란 의미의 동사의 상호관계는 중요한 의미요소이다. 상황이 달라서 이다. 악마가 무덤에서 어느 작가의 해골을 들어올리고 인사를 한다.

> "건강하슈!" 악마가 말했다.
> "그럴 수가 없소" 작가는 짤막하게 답했다.
> "인사해서 미안하오" 악마가 다정하게 말했다.

이 경우에 구조요소는 내용요소가 된다. 자신의 멋진 시구를 완성하고 "오 푸쉬킨! 오 개새끼!"라고 탄성을 질렀다는 예도 특정한 언어단위가 특별하게 사용된 경우에 해당된다.

앞의 두 예는 텍스트 내용이 어휘와 문법 형식만 취하여 의미를 구성하지 않는 매우 복잡한 현상이다. 다시 말하자면 텍스트 내용은 단순한 의미의 총합이 아닌 것이다.

4.2.2.1.1 언어기호 의미와 텍스트

현대 언어학에 따르면, 언어는 자신을 둘러싸고 있는 주변과의 관계를 통해 의미를 규정한다. 의미를 규정하는 관계에는 몇 가지가 있다.

언어기호는 기호가 의미하는 실제행위와 **표현** 사이에서 상호작용을 한다. 즉, 언어기호는 우리 의식 내에서 표시가 반영하는 것, 즉 지시물과 상호작용을 한다. **지시물**은 **표현**의 단순한 반영이 아니다. 전통적으로 지시물은 표시와 연관된 개념에 따라 여러 가지 부차적인 개념을 포함한다. 부차적인 의미요소를 **외연적 의미**라고 한다. '여우-교활함, 곰-둔함'등이 해당된다. 또한, '성자의 얼굴-얼굴-면상-상판대기', '집사람-마님/안주인' 등을 비교해도 좋다.

다른 한편 언어기호는 기호를 주고받으며 해석하는 구체적 인물인 해석자와 상호작용을 한다. 푸쉬킨의 예처럼 때로는 기호의 해석이 비표준적이고 역설적일 수도 있다.

끝으로 언어기호는 코드가 다른 기호와 상대성과 유사성의 다양한 관계를 통하여 상호작용을 하는데 종종 이러한 관계가 텍스트 의미 구성요소가 된다. 언어기호의 다양한 관계를 도표화 하면 다음과 같다.

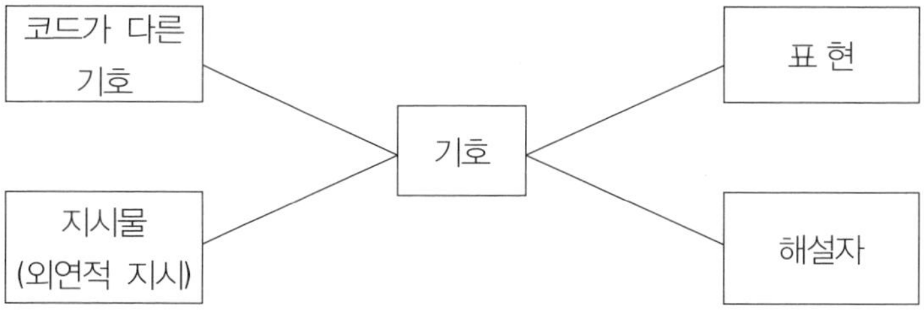

주변과의 관계라는 언어기호의 의미에 대한 이러한 규정에 따라서 의미(내용)는 세 가지로 나뉘어 진다.

4.2.2.1.1.1. 표층적 의미

표층적 의미(내용)는 지시물과 기호가 표시하는 객관적 성질만을 나타낸다. 표층적 의미에는 주관적 인식, 언어의 문화 역사적 전통과 특징 요소가 포함되지 않는다. 예를 들어, 러시아 문화에서 여우는 교활하고, 곰은 우둔한 것으로 인식된다. 그러나 객관적인 지시물은 그렇지 않다. 따라서 곰이나 여우에 빗대어 어떤 인물을 말하는 것은 곰과 여우의 표층적 의미와 관련이 없다.

텍스트의 표층적 내용은 텍스트에 직접적으로 제시된 기호의 표층적 의미로 구성된다. 그렇다고 해서 표층적 내용이 단순한 의미의 총합은 아니다. 이 또한 의미의 복잡한 상호작용의 결과물이다.

4.2.2.1.1.2 내포적 의미

지시물의 내포적 의미(내용)에는 언어 및 발화 체계에서 표층적 요소가 수반하는 언어기호의 의미요소를 포함한다. 이 의미에는 집단적 언어의식 요인이 되는 내포적 의미만이 포함되고, 내용의 화자 또는 필자가 다양하게 개인적인 뉘앙스를 추가하는 것은 이미 창조의 영역이라서 포함되지 않는다. 내포의미는 다양하며 다음과 같은 것이 있다.

- 해당 민족 공동체에서 어느 정도 고정되어 사용되면서 표층적 의미로 연상되는 성질
  (Вал; 불평없는 근면함, мотылёк; 변덕스러움)
- 표층적 의미에 부가되는 상징적 의미
  (снег 눈; 순백, сердце 심장; 감정을 담는 그릇)
- 특정한 언어문화 환경과 표층의미와의 상호관계
  (수상-독일과 오스트리아, 위스카-영국, 스코틀랜드, 발랄라이카-러시아)
- 특정 사회계층과 표층 의미와의 상호관계
  (армяк; 두꺼운 나사로 만든 농민용 외투-평범한 서민의 의복)
- 특정한 역사적 시대와 표층의미와의 상호관계
  (городовой; 혁명적 경찰-러시아 차르시대, стахановец: 스타하노프 운동가-제1차 경제 5개년 계획당시 소련)
- 특정 세계관과 표층의미의 상호관계

표층의미에 대한 화자의 관계. 러시아어의 근면이란 뜻의 'Вал'이 독일어에서 어리석음을 뜻하듯이, 여러 언어에서 내포의미는 서로 다른 특성을 지닌다.

4.2.2.1.1.3 언어내적 내용

언어내적 내용은 두 기호가 갖는 유사성과 (또는) 상이성이란 특성을 밝혀내어 의미구성 요소로 의의를 부여하는 언어기호 '충돌'의 결과로 발생한다. 예를 들어 마가목에 관한 러시아 민요(....как же мне рябине к дубу перебраться?...)의 의미는 서로 다른 두 나무의 문법의 차이관계에 상당히 기초를 두고 있다. 의사소통의 효과를 내기 위하여 음성적 유사성(цвет,꽃-свет,빛), 단어간 파생관계(цветок,꽃은 цвет,색) 등이 자주 사용되고 동음이의어 관계, 즉 서로 다른 의미의 단어가 갖는 음성적 유사성 등이 사용된다.

4.2.2.1.1.4 해석자 층위의 내용

해석자 층위의 내용은 송신자의 독특한 기호 사용(예, 푸쉬킨의 환호) 또는 수신자가 이미 알고 있는 내용을 분명치 않게 지시하는 암시의 결과를 발생시킨다. 예를 들어, 독일의 어느 신문은 경제통합의 결과로 네덜란드 양돈업자들이 전 유럽에 제한 없이 돼지고기를 판매할 수 있게 되었다고 보도하였는데, 기사의 저자는 호르몬제 주사를 투여한 고기를 구매할 위험성이 높아질 것이라고 암시했었다. 네덜란드에서 호르몬 주사는 공식적으로 허용되지만, 독일에서는 분노와 경계심을 불러일으킨다.

4.2.2.1.2 개별적 내용전달의 특성

4.2.2.1.2.1 표층적 내용전달

모든 내용전달 기법은 크게 내용의 대체와 재분배로 나뉘어 진다. 대체란 하나의 언어단위를 다른 언어단위로 기계적으로 바꾸는 것이다. 어형변화 단위로서 대체되고 대체하는 언어단위는 이로써 매우 다양한 상호관계에 놓일 수 있는데, 다음 다섯 가지로 정리 할 수 있다.

1. 출발어와 도착어가 표층적 의미에서 완전히 일치한다. 이러한 기법을 완전대체라고 한다.
2. 완전대체의 다른 기법으로, 문맥에 따라서 출발어가 도착어의 여러 의미 중에서 한 가지에 부합할 때가 있다. 때로는 정반대 의미에 부합할 때도 있다. 예를 들어 러시아어의 'кость'(뼈)'는 독일어의 'der knochen'(포유류의 뼈), 'die Gräte'(생선의 뼈), 'das Bein'(여러 제품의 재료로 사용 되는 뼈, 상아 등) 중 하나로 옮겨진다. 이 때 등가의미를 선택하는 것은 언어학적 견지에서 매우 용이하다. 따라서 본 기법을 단순히 완전대체라고 하는 것이다.
   선택이 불명확한 경우는 언어외적 정보의 결핍으로 발생한다. 예를 들어 독일어의 Geschwür는 러시아어 язву 와 нарыв 을 의미한다. 필요한 문맥이나 구체적으로 어떻게 사용되었는지에 관한 다른 정보 없이 두 단어 중에서 하나를 선택하는 것이 불가능하다.
3. 표현의 의미가 도착어의 표층적 의미와 부분적으로 일치하고 나머지는 불일치할 때, 언어학적 측면에서 등가를 찾는 것은 앞의 경우처럼 단순하지 않다. 이와 같은 기법을 복잡한 완전대체라고 한다.
4. 두 대체 언어의 표층적 의미가 서로 교차하지 않고, 특정 의존적 상황에서만 등가를 이루는 경우가 있다. 즉, 언어단위가 다른 단어들과 의미-통사적 기능을 하고 몇몇 표준적이며 순수 기능적 어결합의 성원이 되는 경우이다. 예를 들어, 러시아어로 극심한 불손함을 дремучий 이란 형용사로 표현하는데, 독일어로는 bodenlose Ignoranz(직역하면 '끝없는 불손함')이다. 두 단어의 표층적(어휘적)인 의미에는 공

통점이 없지만, 둘은 통번역에서 등가를 이룬다. 러시아어의 인쇄업자가 업무상 **подписано к печати**(출판준비완료)란 표현을 사용하였다면, 독일어로는 Redaktionsschluss(교정완료)라는 복잡한 표현이 사용된다. 서로 다른 표층적 의미의 두 표현이 통번역과정에서 상호 등가를 이룬다. 이러한 기법을 어휘적으로 부적절한 대체라고 부를 수 있다.

5. 출발어 표현에 부분적으로 일치되는 표현조차 도착어에서 찾을 수 없는 경우이다. 이런 경우 특수기법을 사용한다(하단 참조).

1, 2 번과 같은 대체를 하는 데에는 특별한 능력이 필요하지 않다. 따라서 3, 4번의 복잡한 완전대체와 부적절한 대체 그리고 5번 등가성을 갖지 않는 어휘의 통번역 기법에 관심을 집중해야 한다.

1. *복잡한 완전대체*

복잡한 완전대체는 '불명확한 언술의 명확한 언술 만들기'라는 통번역의 특징을 가진다. 가장 난해한 대체라 할 수 있다. 가장 평이한 경우조차 매우 복잡한 통번역 변환과 견줄 수 있다고 말할 수 있다.

이 기법을 수행하는 능력은 외국어 사전을 활용하는 능력과 유사하다. 통번역사 교육의 경험을 되돌이켜 볼 때, 학생들이 외국어 사전을 이용하면서 많은 통번역 실수를 저지르곤 한다. 사전을 제대로 사용하는 것은 결코 쉬운 일이 아니다. 외국어의 여러 표현 중에 적절치 못한 표현을 선택할 수 있으며, 적절한 등가가 사전에 아예 등재되어 있지 않을 수도 있다. 통번역사는 외국어 사전의 이런 태생적 결함을 이해하고 적절히 사용하는 법을 익혀야 한다.

한편, 출발어와 도착어 단위의 상관관계를 고려하면, 외국어 사전의 일대일 대응어 이외에 다른 곳에서도 상대적으로 많은 의미적 등가를 찾을 수 있다. 사전에 나타난 출발어의 도착어 표현은 그저 의미에 근접한 것일 뿐이며, 각각의 등가 표현은 여러 문맥에 따라 제한적으로 대체될 수 있다.

상황이 이렇다 할지라도, 사전 집필자는 표제어를 해설할 때, 그렇게 문맥상 제한적이고 또 가까운 외국어 등가를 등재할 수밖에 없다. 또한 표제어 해설에 등재될 수 있는 등가표현의 수도 제한될 수밖에 없다. 나아가 구체적 문맥에서 표제어 등가 표현의 적절성과 동일성이 증명되어야 하기 때문에, 빈도수가 낮은 표현과 불명확한 등가 표현은 사전에 등재될 수 없는 것이다. 그렇지 않다면, 구문(문맥)이 아니라 어형 변화(체계)를 동일시하는 것이 이상적이라는 외국어 사전의 사명과 모순된다.

게다가 사전에 많은 문맥을 등재하는 것은 사전의 치밀성을 침해하고 구조를 복잡하게 만든다. 이런 이유로 사용 빈도수가 낮고 명확성이 낮은 표현들이 사전의 등가표현에서 제외되는 불가피한 결함이 생기는 것이다. 경험이 많지 않은 통번역사는 사전 해설에서 빈도수가 높으며, 종종 의미가 다양한 등가표현이 있을 것이라고 지레짐작하여 문맥에 적절한 표현을 선택하는데 어려움을 겪는다.

외국어 사전이 제시하는 각 등가표현은 표제어에 가깝게 단편적인 의미를 나타내지만, 다른 여러 등가표현과 함께 등재되어 표제어의 의미적 등가를 보다 완전하게 제시한다. 각 표현은 불명료할 지 몰라도 합쳐 보면 명료할 수 있다. 이와 같이 개별 단어가 아니라, 총체적 의미를 토대로 하면, 표제어 의미에 관하여 보다 완전한 개념을 정립

할 수 있다. 따라서 통번역사는 외국어 사전을 다음과 같은 방식으로 사용해야 한다.

- 먼저, 외국어 사전의 등가 표현 중 표제어의 뜻에 중간 정도 유사한 것을 고른다. 선택한 의미를 언어규범과 어법을 고려하여 문맥에 투사시키고, 구체적으로 문맥에 맞는 표제어를 고른다. 문맥에 맞는 등가는 사전에 실려 있을 수도, 그렇지 않을 수도 있다.
- 사전에 제시된 여러 등가표현을 적절하게 선택하기 위해서는 나름대로의 테크닉이 필요하다. 그러한 테크닉은 사전을 사용하고 특별한 연습과제를 풀면서 연마할 수 있다.
- 표제어의 적절한 의미를 찾기 위해서는 권위있는 국어사전의 정의를 사용할 수 있다.
- 통번역 학습자는 외국어 및 국어사전 사용법을 이중으로 익혀야 한다.

2. *어휘적으로 부적절한 대치 - 국어 사전을 이용한 작업*

외국어로 동일한 의미적 기능을 표현할 때, 어휘단위가 특정한 상황에서 본래의 의미를 상실한 경우에 발생한다.

уладить (정리하다, 조정하다)
урегулировать (조정하다, 조절하다)
разрешить (해결하다)
погасить (끄다)
ликвидировать (해소하다) + **конфликт**(갈등)
утрясти (의논하여 매듭을 짓다)
покончить с конфликтом (갈등을 종식시키다)
положить конец конфлику (갈등을 종식시키다)

неслыханное(들은적 없는)
невиданное(본적이 없는)
невероятное (전대미문의)
беспримерное (선례없는)
беспардонное (파렴치한) + хамство(야만적 행위)
страшное(무서우)
непревзойдённое(극도의)
ни с чем не сравнимае(비길데 없는)
первобытное (야만적인)

차이가 있음에도 불구하고 왼쪽의 모든 형용사는 동일한 의미적 기능을 하고 있다. '야만적 행위'(хамство)는 인간의 부정적 성질이 높은 정도를 표현하는 것으로 동일한 기능을 한다. 다른 예로서, Magn- 는 종식시킨다는 어원적인 기능을 하고 있다. Caus- 인과관계(어떤 일이 일어나도록 한다.), Fin- 끝냄(없어지게 하다.), Max- 최대화, Min- 최소화 등이 있다. 다른 여러 언어에도 이러한 의미기능을 표현하는 고유한 수단이 존재한다. 러시아어에서 깊은 사랑에 빠진 것에는 безумно(정신없이)란 단어를 사용하여, безумно влюблён 라 표현하고, 독일어에서는 unsterblich verliebt(직역하면, 죽도록 사랑에 빠지다의 뜻)이라 표현한다. 러시아에서 높은 관심에는 пристальный (긴장된, 집중된)을 사용하여 пристальное внимание 라고 표현하고, 독일어에서는 hohe Achtung(직역하면, 높은 관심이란 뜻)라고 사용한다. 이와 같은 경우에 직접적으로 대응되는 단어를 사용하여 뜻을 옮기는 것은 의미 없다. 예를 들어, круглый дурак(완전한 바보)에서 круглый 를 직역하는 것이 그렇다. 완전한 바보, 천치란 말을 러시아에서 독일어로 옮길 때도 다음과 같은 단계를 거친다.

круглый дурак (천치, 완전한 바보) Мади Дурак
Narr → kompletter Narr

다시 말하자면, 우선 круглый의 의미적 기능을 규정하고 도착어에서 동일한 기능을 할 어휘표현을 찾는다. 이때 표준적 어구를 등재한 국어 사전이 유용할 것이다. 번역되는 단어의 의미기능으로서 표현수단을 찾는 것이 아니라, 표제어의 의미기능이 포함된 사전해설을 보아야 한다. 여러 관용구가 어휘적 등가가 아닌 의미등가에 의해 통번역 되곤 한다.

3. *등가 표현이 없는 어휘*

등가 표현이 없는 어휘란 도착어에 대응하는 어휘(단어, 관용어구)가 없는 출발어 단어와 관용어구를 말한다. 등가 표현이 없는 어휘는 특성에 따라 다음과 같이 네 가지로 분류된다.

1. 도착어에 지시물이 없는 용어.
도착어 민족공동체에 지시물이 존재하지 않는 까닭에, 앞서 서술한 네 가지 종류에 포함되지 않는 경우다. 도착어에 대응어가 없는 출발어 단위, 예를 들어 러시아어에는 미국의 drive-in(자동차 고객에게 서비스하는 기업) 개념이 아직 없다.

2. 일시적으로 등가 표현이 없는 용어
특성상 1)과 유사하다. 과학, 기술, 사회 분야 새로운 정보가 널리 알려지지 못하여 출발어 화자가 알고 있는 정보를 도착어 화자가 일시적으로 알지 못해 발생한 등가표현이 없는 용어이다. 이후, 새로운 정보가 도착어에 반영되어 상응하는 명칭을 갖게 된다(주로 음역을 통하여 이루어진다). 예를 들면 영어의 컴퓨터가 그렇다.

3. 우연히 등가표현이 없는 용어

출발어와 도착어 화자의 경험 속에 존재하는 대상과 현상을 의미하지만, 설명되지 않는 원인으로 인해 고유 명칭이 없는 경우이다. 예를 들어 러시아어의 **сутки** (1주야, 24시간) 개념은 다른 여러 언어에서 등가표현이 없다. 이 용어를 전반적으로 설명하기 위해서는, "언어란 해당 언어화자의 세계를 다양하게 표현한다"는 유명한 언어학의 비등가성 이론을 인용하는 것이 적절할 것이다. 어떤 언어는 행위의 구체적 세부사항을 지적하지 않고 의미부여도 하지 않는다. 개별경우에 대하여 개별적으로 명확한 설명이 없다. 언어학에서는 우연하게 등가표현이 없는 용어를 종종 '우연한 빈틈'이라 부른다. 그러나 이 용어는 비논리적이다. 통번역에 있어서 등가표현이 없는 어휘는 출발어가 아니라, 도착어의 빈틈(공허, 빔)을 지칭하기 때문이다.

4. 특별한 구조의 비등가적 어휘

출발어뿐 아니라 도착어 화자의 경험 속에 존재하는 지시물 혹은 허상을 말한다. 이는 우연히 등가표현 없는 용어와 유사하다. 특수한 구조에 의해 등가표현을 가지지 못하는 어휘그룹과 우연하게 등가표현이 없는 용어에는 같은 설명이 가능하다. 도착어는 자체의 언어체계와 규범이 있어서 출발어의 어휘가 가진 풍부한 의미를 포함하는 어휘표현이나, 생산을 구조적으로 허용하지 않기 때문이다. 다시 말하자면, 구조적 특수성은 독특한 민족적 구조의 특성을 갖는다.

다음절의 단어와 접두사가 있는 몇몇 독일어 동사를 활용하여 러시아어로 장황한 어구를 표현해낼 수 있다.

4. *등가표현이 없는 통번역 방법*

computer-компьютер, grape fruit-грейпфрут, Reissfeder - рейсфедер 등과 같이 외국어를 음역하는 기법이있다. 번역사들이 문학번역을 하는 것처럼, 러시아어로 번역하지 않거나 официант라고 번역할 수 있음에도 불구하고 독일어의 Kellner를 러시아어로 кельнер로 음역한 경우를 예로 들 수 있다.

또 다른 방법으로 차용이 있다. 차용이란 등가표현이 없는 어휘단위를 도착어의 정확한 대응어로 대체하는 기법이다. 러시아어의 детский сад (유치원)은 독일어 Kindergarten(유치원)이다. 유사번역(приближённый перевод)도 있다. 이는 출발어의 실체 대신 도착어의 동일하지 않은 새로운 표현을 사용하여 번역하는 기법이다. 독일어 Sankt Nikolaus를 Дед мороз(산타할아버지)로, Hanswurst를 Петрушка로 번역하는 경우이다. 한편, 민족 문화적 특성을 제거하여 번역하는 경우도 있다. 러시아어의 стахановец 스타하노프 운동가란 개념을 '진보적 노동자'로, прощание славянки는 '군대행진'으로 옮길 수 있다. 마지막으로 서술적 번역이 있다. 구어표현을 사용하여 등가표현이 없는 어휘의 의미를 전달하는 방법이다. 독일어의 Anlernberuf(반숙련공)를 профессия, осваиваемая в проессе краткосрочного обучения(단기간에 습득할 수 있는 직업) 라고 표현하는 것이 그런 예이다.

앞의 모든 번역 기법에는 각기 장단점이 있다. 음역의 장점은 통번역사가 언어의 도식적 또는 음성적 특성을 전달하는 것으로, 새로이 등장할 대상이나 용어와 충돌하는 경우, 내용의 오류를 피할 수 있다. 그러나 등가표현이 있는데도 찾는 노력을 하지 않고 음역을 남용하는 경우도 있다. 음역의 단점은 등가표현이 없는 어휘의 음성적 특성을 기계적으로 재생하는 것이 수신자에게 문맥에 가까운 의미를 전달하지 못한다는 것이다. 이러한 취약성에도 불구하고, 몇몇 특정한 경우 음역은 등가표현이 없는 어휘를 번역하는 효과적인 기법이다.

음역과 마찬가지로 차용도 상당히 기계적으로 이루어진다. 묘사되는 현상을 얼마나 밝혀주는가는 등가표현이 없는 어휘가 그 현상을 어느 정도 표현해 주는가에 달려있다. 명칭은 현상을 밝힐 뿐 아니라, 그 현상을 가장하기도 한다. 예를 들어, 현대 러시아어의 Досуг(여가)는 신문광고에서의 성적 서비스 제안을 가정한다. 근접번역의 장점은 뜻이 수신자에게 명확하게 전달된다는 것이지만 반면 그 뜻이 본질상 부정확하다. 서술적 번역은 등가표현이 없는 어휘가 의미하는 현상의 핵심을 완전하게 밝혀 주지만, 반면, 개념을 간단한 명칭으로 전달하지 못하는 바람에 번역결과물의 양이 많아진다.

등가 표현이 없는 어휘를 번역하는 다양한 방식의 여러 취약성을 보완하기 위해서 모든 기법을 서로 결합시킬 수 있다. 예를 들어, 음역은 서술적 번역으로 보충될 수 있다. 텍스트에는 직접 음역을 하고 서술적 번역을 각주로 처리하는 것이다.

5. *통번역 오류를 일으키는 어휘*

통번역사가 쉽게 오류를 범하는 특정 어휘가 있다는 사실이 일상적 경험과 실험을 통하여 증명된 바 있다. 예를 들어 다음과 같은 것이다.

1. 거짓 친구들(False Friends)

출발어와 발음 또는 서법은 유사하나 전체 혹은 일부분의 의미가 상이한 도착어 표현을 말한다. 예를 들어 영어와 독일어의 intelligent는 러시아어로 **Интеллигентный**(지식계급의, 인텔리의)가 아니라, **умный, смышлённый, понятливый, хорошо соображающий**(현명한, 총명한, 영리한, 사려깊은)을 의미한다. 그러나 '외면적' 유사성 때문에 초보 통역사들은 서로 의미가 다른 두 표현을 음이 같다고 동일시하곤 한다. 이러한 거짓 친구들에는 도착어와 출발어의 발음은 일치하지만 양적인 차이를 보이는 여러 도량형 명칭도 포함된다. 독일의 파운드는 500g으로 러시아의 파운드인 409.5g과 다르다.

2. 내적 형식의 함정

도착어의 내적 형식과 동일한 내적 형식(형태적 구조 또는 어휘적 구조)을 지녔으나, 도착어와 출발어의 의미에 함정이 있는 어휘가 포함된다.

3. 여러 언어로 이루어진 단어의 잊혀진 의미

예술번역의 제 문제를 다룬 '고도의 예술'에서, К. И. Чуковский는 번역오류의 예를 든다. 이는 독일어에서 러시아어로 번역된 소설이다. 파리에 있는 여주인공이 시골의 할아버지에게 돈을 보내면서, 다음과 같이 조언한다. "할머니가 힘들지 않도록 아가씨들에게 돈을 쓰세요". 독일어 원문에서 여주인공은 할머니께서 집안 일을 쉽게하도록 가정부를 고용하라고 말했던 것이다. К. И. Чуковский는 오류의 본질을 설명하지는 않았지만, 오류의 본질은 분명하다. 번역사는 독일어 Mädchen이 1. 소녀, 아가씨, 2. 사랑에 빠진 여자친구, 3. 지금은 좀 낡은 표현이긴 하지만 가정부라는 의미도 있다는 사실을 잊어버렸거나 알지 못했던 것이다. 잊혀진 의미에 의해 발생하는 이와 같은 번역 오류는 다양하게 나타난다.

4. 비유적 어휘

비유적 어휘, 즉 본래의 뜻과 다르게 관행적으로 사용되는 단어 또는 관용어구 등도 번역 오류를 불러일으킨다. 번역사들이 문자 그대로 이해하고 그에 따른 대응어로 번역하기 때문이다.

독일 소설가 한스 팔라다의 소설 '늑대 속의 늑대' 러시아 번역본 중에서 주인공은 이렇게 외친다. "당신은 감히 나를 어쩌지 못할거요! 나는 정신 병자요. 난 51번째에 해당하오. 나를 때리지 마시오, 그럴 필요 없소. 때리면 책임을 물어야 할거요! 내겐 정신 증명서가 있단 말이오!" 번역사들은 정신병 증명이라는 관행적 비유를 이해하지 못해 문자 그대로 번역하였다. 결국은 실제 정신병 증명서 혹은 보건증서라고 옮겨야 했다.

여러 언어에 상당수의 관행적 비유 어휘로 다음과 같은 것이 있다. Дунька(둔까) – 촌스러운 투박한 아낙네; бык(황소) – 만취한 갱; зелень(녹색) – 달러; травка(풀) – 마약류; хвост(꼬리) – 통과하지 못한 시험; рука(팔) – 영향력있는 사람과의 관계, 사귐, 지원; спонсор(스폰서) – 물적 지원을 하는 애인; тачка(손수레) – 자동차; 경험상, 문자 그대로 이해되는 비유적인 어휘는 번역 오류의 전형적 요인이다.

5. 음이 맞지 않는 지명

보통 지명은 음역된다. 하지만 출발어과 도착어에서 지명이 항상 일치하지는 않는다. Lemberg – Львов, Plattensee – озеро Балатон, Peipus-See – Чудское озеро, Montenegro – Черногория.을 보면 알 수 있다. 이러한 경우 자동적으로 음역하게 되면 번역 오류를 초래한다.

어휘로 인한 번역 오류를 어떻게 극복할 것인가. 번역사들에게 해줄 수 있는 유일한 조언은 늘 방심하지 말고 자아비판을 하라는 것이다! 출발어텍스트에서 야기된 번역 오류는 언제나 번역문을 이상하고 어색하게 만든다. 독일 모험영화의 러시아어 번역에 나온 예를 보자. 영화 속에서 독인인 장교는 상대에게 러시아 번역을 통해 이렇게 말한다. "저기 아가씨 좀 봐. 난 저 아가씨를 알아. 우리 식당종업원이야. 오늘 아침 카지노에서 우리에게 마카로니를 서빙 해줬어". 카지노에서 아침을? 아침에 카지노에서 아침 식사를 한다? 이 보다 어색할 수는 없을 것이다! 번역사가 사전을 찾는 등 조금만 더 신중했더라면 독일어 단어 Das Kasino의 뜻 중 하나가 '장교식당'이란 것을 알았을 것이다.

6. *내용의 재분배*

번역의 내용을 전달하는 과정은 개별 단어의 의미를 전달하는 것만으로 끝나지 않는다. 출발어의 단어나 어구 요소가 출발어의 어떤 것이라고도 말할 수 없으리만큼 분리될 수 없는 표현으로 도착어 번역문에 남게되는 경우가 종종 있다. 즉, 번역과정에서 출발어 내용이 재분배되어 도착어에 와서는 전혀 다른 어휘-문법 표현을 취한다. 비유를 통해 설명한다면, 출발어 내용을 한 그릇에서 다른 그릇으로 옮겨 담을 때, 그릇의 숫자, 크기, 모양과 옮겨 담긴 그릇의 수, 크기, 모양 사이에는 차이가 난다는 것이다.

번역을 하다보면 내용을 다시 분배시키는 과정이 항상 동일한 층위에서 이루어지는 것이 아니다. 출발어텍스트에서는 한가지의 내용이었던 것이 도착어텍스트에서는 몇 개의 어휘소로 분배될 수 있다. 반대로 도착어텍스트의 어떤 내용이 출발어텍스트에서는 여러 어휘소로 표현 되어 있을 수도 있다. 도착어 및 출발어의 여러 층위에서 언어요소간 내용의 교환이 이루어지는 것이다. 출발어 형태소에서 도착어 어휘소로 혹은 그 반대 방향으로 내용의 이동이 가능하다. 이를 잘 보여주는 독일어-러시아어 번역의 몇 가지 사례를 보자.

Im ganzen Haus ist Krach (Das Tagebuch der Anne Frank).
Все в доме перессорились (Дневник Анны Франк)
집안 사람 모두가 싸웠다. ('안네 프랭크의 일기')

러시아어 체계의 가능성만을 고려한다면 원칙적으로, 어휘-문법적구조를 완전히 살려 Во всем доме ссора. 또는 Во всем доме раздор (집안 전체에 싸움이다)으로 독일어 문장을 번역할 수 있었을 것이다. 하지만 이런 번역은 부자연스러우며 러시아어 관례에도 맞지 않는다. 더욱이, 첫 번역의 경우 내용이 불명료하다. 다툼과 다툼이 지적된 순간과의 연관성을 알 수가 없다. 아직도 다툼이 계속되는 것일까? 집안 전체에서? 이러한 의미의 부족을 채우기 위해 다음 도표처럼 내용 재분배를 수반하는 번역의 전환 기법을 활용할 수 있다.

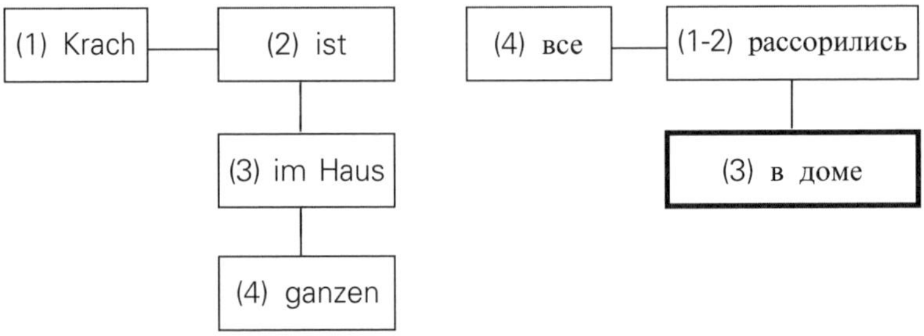

출발어가 집안 거주자들 사이에 발생한 사건의 상황과 지속적인 관계를 묘사하고 있다면, 도착어는 좀 다르게 상황을 제시한다: 상호 관계가 어떻게 종료되고 결과는 어떠한지 제시해주고 있다. 더욱이 결과는 도착어에서 형식적 표현을 갖지 않고 맥락을 통해 추측될 뿐이다. 출발어텍스트에서는 명료하게 표현된 지속석 상황에 대한 의미가 도착어에 와서는 내포적으로 불명료하게 표현되었다. 반대로, 출발어텍스트에서는 '이전에 다툼이 있었다'는 추측이 도착어에 와서는 형식적인 표현을 획득하였다.

언술의 의미구조는 이리하여 근본적으로 변화하게 된다. 출발 어구에서 다툼이라는 일반적인 의미가 집(дом, im ganzen Haus - во всем доме, 집안 전체에)이란 단어로 규정되었다면, 도착어에서는 이미 주어로 표현되었다. 출발어에서 주어로 표현된 ссора-раздор(다툼, 분열)의 의미가 도착어에서는 술어로 전환되어 집(дом)의 외연적 의미만 남은 것이다.

언술의 형태구조도 유사한 방식으로 변하였다. ссора-раздор의 외연적 의미는 명사 'Krach'로부터 동사 перессориться(다투다)로 변했고, 일반성의 의미는 – 형용사 ganzen 에서 대명사 все(모두)로 바뀌었으며, Haus-Дом의 외연적 의미만이 형태구조를 바꾸지 않았다. 층위간 내용의 재분배에 관해 상술하였다. 다음의 예를 들어 보자.

- ... Я очень правильно делал, что унижался и терпел, когда вы были любовником моей жены. Теперь вы уже любовник в отставке. Она выбрала надежность и меня. (Й. М. Зиммель. Любовь – всего лишь слова.)

- ... 당신이 내 아내의 정부 노릇을 할 때, 내가 자신을 억누르고 참은 것은 참 잘한 것이오. 이제 당신은 정부 노릇을 은퇴했소. 아내는 미래의 전망을 보고 나를 택했소. (I.M. 지멜. 사랑 - 그것은 그저 말장난)

상기 어구는 번역과정에서 탁월하게 전환되었다. 번역으로는 되살리기 불가능한 의미가 동사 sein의 문법으로 표현 된 것이다. 번역자는 퇴역한(в отставке)이란 관용어를 사용하여 문법을 재구성하였다. 이는 출발어텍스트에서 문법적 수단으로 표현된 것이 도착어에서는 어휘적 수단으로 전환된 사례이다. 도착어에서 층위간 내용 재분배를 잘 보여주는 또 하나의 예를 보자:

... die Vereinseitigung des Menschen (Anteil der Arbeit an der Menschwerdung des Affen)

.....превращение человека в однобокое существо (роль труда в превращении обезьяны в человека).

번역과정에서 외연적 의미는 다음과 같이 재분배 되었다.

...einseit...	- однобокое
Vereinseitigung	- превращение
des Menschen	- человека
?	- существо

두 개의 형태소, ~einseit~와 ~одностоpон~의 관계에 맞추어 односторонний라는 어휘소로 재분배 되었던 출발어의 의미가, 또 다른 방식으로 조어(Ver~ung)에 따라 다시 독립된 어휘소, превращение로 탁월하게 전환되었다. 도착어의 существо는 출발어쪽에서 확실한 대응어가 없다. 이 단어는 그저 Menschen-человек을 재표현하고 있을 뿐이다.

번역과정의 내용이 어떻게 재분배되는 지에 대한 모든 방식을 기억하고 익힐 수는 없다. 하지만, 번역사가 구조, 내용을 특별히 재구성하면서 그에 연관된 전환의 묘미를 느끼는 것은 매우 유용할 것이다. 재구성이 불가피한 경우가 종종 있기 때문이다.

4.2.2.1.2.2 내포의미의 전달

번역과정에서 내포의미를 살리는 모든 문제는 한 가지 명백한 사실에 기인한다. 각 언어는 어휘단위의 외시적인 의미와 그에 따른 내포의미가 비대칭 조합을 이룬다는 사실이다. 예로, 독일어에서 '봄'이란 개념에는 문체상으로 중립적 뜻 외에도, 시적 영감을 불러 일으키는 내연성을 지닌 현상을 일컫는 말인 Lenz의 뜻도 있다. 반면, 러시아어에는 문체상으로 중립적인 단어 весна(봄)뿐이다. 반대로, 러시아어에는 중립적인 단어 лес(숲) 외에도 시어 дубрава(참나무 숲)가 더 있는 반면, 독일어에는 중립적인 단어 Wald뿐이다. 이러한 비대칭을

극복할 수 있는 방법이 내포의미의 재구성이다. 예를 들면:

Der Lenz zog in die Walder ein.
Весна пришла в дубравы. (숲에 봄이 찾아왔다)

이 경우 번역과정에서 시적 영감을 불러 일으키는 문체가 외시의미의 весна 에서 다른 외시 의미 лес(дубрава)로 옮겨갔다. 이렇게 함으로써 본래의 내포의미를 번역문에서도 되살릴 수 있다. 위치가 변한 것은 별로 중요하지 않다.

한편, 출발어 문장과 도착어 문장이라는 한정된 범위 내에서 내포의미를 적절하게 재구성하는 것이 항상 가능한 것은 아니다. 번역사는 더 넓은 범위 안에서 의미를 재구성하고 전체적으로 텍스트의 내포적 색채를 살리고자 꾸준히 노력한다. 한 문장을 번역하면서 사라진 내포의미는 다음 문장, 또는 좀 더 멀리 떨어진 곳에 가서 되살릴 수 있다. 또는 의미 상실이 일어났던 곳보다 앞선 문장에서도 가능하다. 물론 이 경우 번역사는 하나가 빠지면 반드시 하나를 더하는 식으로 정확한 계산에 근거하여 번역할 필요는 없다. 이미 지적한 바 있듯이, 출발어텍스트의 전체적인 내포적인 색채를 살리면 되는 것이다.

그렇지만 텍스트를 이렇게 포괄적으로만 접근하여 내포의미를 전달하는 방법이 항상 옳은 것은 아니다. 내포의미가 작가의 서술적 특징일 경우 이런 방법은 사용할 수 없게 된다(비교: 사업가와 장사꾼). 이와 같은 경우에는 내포의미가 외시의미와 함께 전달되어야 한다(이에 대한 예는 조금 뒤에서 살펴보기로 한다).

내포의미를 전달하는 문제에 있어 중요한 것은 그 의미가 가진 내재적 특성을 전달하는 것이다. 예를 들어 여우-교활한 사람, 곰-동작이 굼뜬 사람, 당나귀-멍청한 사람 등이 그렇다. 이미 앞서 언급한 대로 이런 유형의 내포의미는 민족적 색채를 띠고 있어서 각 언어마다 뜻이 같을 수도 있고 다를 수도 있다. 예를 들어, дурак(바보)를 뜻하는 독일어 Esel는 러시아어로 표면적 대응관계에 있는 осел(당나귀)로 옮길 수 있지만, 같은 뜻의 독일어 Ochse는 그 외시 의미에 근거하여 вол(소)로 번역할 수 없다. 왜냐하면 러시아어에서 вол(소)는 절대적인 근면 성실의 상징이기 때문이다. 여기에는 다른 등가물이 요구된다(예를 들어, осел 또는 баран).

이와 같은 내재적인 의미에 따른 번역은 다른 유형의 내포의미를 번역할 때도 쓰인다. 예를 들어, 독일어 spindeldurr를 반드시 문자 그대로 худой, как веретено로 번역할 필요는 없다. 왜냐하면 아주 마른 정도를 완곡하게 표현하는 худой, как щепка가 있기 때문이다.

의미를 한정하거나 기타 요소를 덧붙여 내포의미를 전달할 때도 있다. 독일어의 intelligenzler는 지식인을 뜻하지만, 인정 받지 못한다는 뉘앙스를 띠고 있다. 그에 상응하는 내연성을 지닌 등가물이 러시아어에는 없다. 독일어의 내포의미를 전달하려면 의미를 한정시키거나 폄하하는 뜻을 가진 접미사를 붙여준다. паршивый интеллигент 또는 интеллигентишка와 같은 것이다. 한편, 내포의미를 역주를 통해서 전달할 때가 있다. 무엇보다도 내포의미에 사회, 역사, 문화적 배경이 담겨있을 때 그러하다. 일례로 레마르크의 소설 `3인의 전우`를 보면 두 주인공 팻 홀만과 그녀를 사랑하는 로버트 로컴프가 나누는 짧은 대화가 나온다.

- Also was willst du nun, Tee oder Kaffee?
- Kaffee, einfach Kaffee, Pat. Ich bin vom Lande. Und du?
- Ich trinke mit dir Kaffee?
- Aber sonst trinkst du Tee?
- Ja.
- Da haben wir es.
- Ich fange schon an, mich an Kaffee zu gewohnen. Willst du Kuchen dazu? Oder Brotchen?

러시아어 번역본에선 이렇게 된다(역자. Латышев).

- Итак, чего же ты хочешь чай или кофе?
  (자, 차와 커피 중 어느 것을 할래요?)
- Кофе, просто кофе, Пат. Я ведь парень из села. А ты?
  (커피, 그냥 커피요. 난 그저 시골 청년이예요. 당신은 뭘 드세요?)
- Я пью за компанию кофе.
  (난 커피를 마시며 사람들과 어울려요)
- А вообще ты пьешь чай?(당신은 보통 차를 마시지 않나요?)
- Да.(그래요)
- Я так и думал.(나도 그렇게 생각했어요)
- Но я уже начинаю привыкать к кофе. Хочешь к кофе пирожное? Или булочку?
  (하지만 난 벌써 커피에 익숙해지고 있어요. 커피와 삐로그를 드릴까요? 아니면 흰 빵을 드려요?)
- И то, и другое, Пат. А потом я выпью еще и чаю.
  (아무거나 주세요, 팻. 그리고나서 차를 또 마실께요.)

러시아 독자에겐 이 대화가 그저 젊은 남자와 여자가 차를 마시며 나누는 별다른 뜻 없는 이야기로 비춰진다. 왜냐하면 러시아 독자는 차와 커피가 당시 독일인들에게 사회적으로 어떤 의미였는지 모르기 때문이다. 독일에서 커피는 평범한 보통 사람들이 마시는 것, 차는 보다 상류층을 대표하는 사람의 음료로 여겨졌다. 뜻을 알고 다시 한번 읽는다면 차와 커피 속에 숨겨진 대화의 속뜻을 이해하게 될 것이다. 로버트는 "이 여자는 그저 평범한 청년인 자신에겐 어울리지 않는다"는 생각에 계속해서 괴로워하는 것이다. 레마르크는 그런 뉘앙스를 풍기고자 했다. 팻은 그와 함께 보통 사람들의 음료인 커피를 마시기로 하면서 자신도 이미 커피에 익숙해져 가고 있고 신분의 장벽을 뛰어넘어 로버트를 받아들일 준비가 되어있음을 밝힌다.

이렇게 대화 속에 녹아있는 속뜻을 러시아 독자들에게 보여주기 위해서는 독자들이 그 속에 내재된 사회적 의미를 알아야 할 필요가 있다. 이런 경우 역주 외에는 다른 방법이 없다.

4.2.2.1.2.3 언어의 내재적 의미의 전달

외시의미와 내포의미의 전달이 항상 가능하고 그에 따른 방법이 있다 하더라도, 혹은 직접적인 방법은 아니라 해도 여러 우회적인 방법 이를테면, 내용과 내포적 성격을 가진 의미를 재구성한다거나 그 의미를 외연적 의미로 전환하는 방법 등으로 전달할 수 있다고 하더라도, 언어가 가진 내재적인 의미를 완벽하게 전달한다는 것이 항상 가능하지는 않다.

번역하는 도중에 단어가 지닌 외연의미에 의해 발생되는 의미상 또는 미적 효과를 살려야하는 어려움에 부딪칠 수 있다. 이 경우 번역자는 자신만의 무기를 축적해 놓고 있어야 한다. 예를 들면 이미 우리가 다룬 바 있는 고리끼의 자전적 소설 '주인'(хозяин)에 나오는 대화에서 цвет와 свет이 발음상 유사하다는 사실로 цветок이 цвет의 파생어라는 사실에 기초해서 의미효과가 발생했다. 이 대화가 독일어 번역문에서는 생략되어 있는데, 독일어에서는 farbe와 licht사이에 어떤 발음상 유사성도 없고, blume와 farbe사이에도 어떤 파생관계도 없기 때문이다. цветок를 독일어로 원문과 비슷한 효과를 낼 수 있는 명칭의 것으로 대체한다 하더라도, 그 대상이 전체적인 문맥과도 어울려야 하기 때문에 이는 불가능한 일이다. 따라서, 이 대화가 구성 및 의미상의 비중이 있음에도 불구하고 전체가 생략된 것이다.

언어의 내적인 의미효과를 살리기 위해서 번역가가 외시의미를 손봐야 할 때가 적지 않다. 이것도 살리고 저것도 살리기는 불가능하기 때문이다. 이러한 극명한 사례를 А. Д. Швейцер는 찰스 디킨스 소설의 원문과 노어 번역문의 비교를 통해 보여주고 있다(역자: Е. Калашникова):

> "Papa is a preferable form of address," observed Mrs. General. "Father" is rather vulgar, my dear. The word Papa, besides, gives a pretty form to the lips. Papa, potatoes, poultry, prunes, and prisms are all very good words for the lips, especially prunes, and prisms.

> - предпочтительноее говорить "папа", моя милочка, - даметила миссис Дженерал. –"Отец" звучит несколько бульгарно. И кроме того, слово "папа" придает изящную форму губам. Папа, пчела, пломба, плющ и пудинг – прекрасные слова для губ, в особенности плющ и пудинг[2].

디킨스가 속하는 사실주의 예술문학은 실제상황에 대한 정확한 묘사가 아니라 현실적 개연성에 기초하고 있다. 이에 따라 번역가는 이 영국작가의 소설을 번역하면서 'p'로 시작하는 일련의 영어 단어를 러시아어의 'П'로 시작하는 단어로 충분히 옮길 수 있다는 타당성을 얻었다. 몇몇 단어들의 외시 의미를 무시하고 대신 특정한 영어의 색채를 살리는데 주력했다. 특히 плющ와 пудинг를 보면 예로부터 러시아인의 머리 속에 영국과 연관된 이미지가 있다는 점을 눈치 챌 수 있다. 러시아어에 영어의 papa에 해당하면서 'п'로 시작하는 단어가 없었다면 번역하기에 더 어려웠을 것이다. 이 경우는 다행히도 번역가가 여러 내용적 측면에서 최대한 행동의 자유를 누릴 수 있어서 가능한 것이다. 말 자체가 발생시키는 언어의 내적인 의미에 의한 의미의 효과를 아무런 제약 없이, 그것도 유사한 소재로 살릴 수 있었던 경우라고 할 것이다.

고리끼의 소설에 나오는 소피아의 대화는 이와는 경우가 다르다. 번역사가 누릴 수 있는 자유가 모든 방법을 넘어 극히 제한적이다. 왜냐하면 언어의 내적인 의미가 외시의미와 불가분의 관계에 있기 때문에 다른 방법이 없다.

이제 그 중간쯤 되는 경우를 살펴보자. 유명한 Я. И. Рецкер[3)] 작품에서 우리는 다음과 같은 예를 볼 수 있다:

James. Give me the cheque-book... what's this ninety?

---

2) А.Д.Швейцер. 번역과 언어학, 모스크바, Воениздат, 1973. p.67

3) Рецкер Я.И. 번역의 이론과 번역실습, 모스크바, 국제관계출판사, 1974. p.53

Walter. But look here, father, it's nine I drew a cheque for. (John Galsworthy. Justice. Act I).

Дждеймс. Дай мне ческовую книжку... Что это за восемьдесят фунтов?

Уолтер. Но послушай, отец, я выписал чек на восемь фунтов. (Дж.Голсуорси.Правосудие.)

두 인물 사이에 오고 간 대화의 이면을 보면, 직원 중 누군가 장부에 글자를 써 넣음으로써 9(девять)를 90(девяносто)으로 조작했다는 것이다. 그런데, 러시아어에서는 9에 철자 몇 개를 더 써 넣음으로써 9를 90으로 만들 수는 없다. 그러나, 그런 조작이 8(восемь)에선 가능하다. 철자만 몇 개 추가하면 8을 80으로 만들 수 있다. 번역문에서 사기꾼이 훔친 금액은 10파운드가 적지만 번역가는 어떻게 해서 장부를 조작했는지를 잘 보여 주었고 아마 그것이 훨씬 더 중요할 것이다. 이러한 번역의 방법을 예로 들면서 레커는 이 희곡을 불어로 번역한다면 조작된 장부의 금액은 50파운드로 더 줄어들 수밖에 없다고 말한다. 왜냐하면 숫자 cinq(5)에다가 철자 5개를 붙여 cinquante(50)를 만들 수 있기 때문이다. 그러나, 외시의미에 대폭 수정을 가하는 것은 비즈니스 문서나 기타 다른 정확한 사실을 반영해야 하는 텍스트, 읽는 이에게 직접적으로 실용적 가치가 있는 텍스트(예를 들어, 사용 설명서나 법 등)에서는 불가능하다는 점을 밝혀둘 필요가 있다.

언어의 내재적 의미를 살릴 수 있는가 하는 문제는 번역되는 도착어에도 원문에서와 같은 언어의 내적인 의미를 구성할 비슷한 언어 형식과 주제가 있는가에 따라 결정된다. 예를 들어, 하이네의 시 'Ein Fichtenbaum steht einsam'의 의미가 지닌 핵심은 남성과 여성으로 각기 문법적 성이 다른 두 나무를 일컫는 말 der Fichtenbaum(소나무)와 die palme(종려나무)를 대조하는 것이다. 이 대조 속에 알레고리가 숨어있다. 즉, 서로 사랑하지만 멀리 떨어져 있는 남자는 눈이 내리는 북쪽에, 여자는 멀리 남쪽에에 있다. 그런데 러시아어에서는 두 나무를 일컫는 말이 모두 여성인 만큼 이를 적절히 바꿔 주어야 한다. 바로 이러한 시도로 러시아의 시인 쭈체프는 сосна(소나무) 를 кедр(삼나무)로 대체했다:

На севере мрачном, на дикой скале,
Кедр одинокий под снегом белеет...

그러나, 시인 번역사가 그런 결정을 내릴 수 있었던 것은 러시아어에 독일어와 같이 명사의 문법적 성이 있기 때문이었음을 잊지 말아야 한다. 만약 도착어가 영어처럼 성구분이 없는 언어라면 이런 경우에 어떻게 번역하라고 하기 어려울 것이다. 따라서, 번역시 언어의 내재적인 의미효과를 살릴 수 있느냐는 다음 요인에 의해 결정된다

- 언어의 내적 의미의 토대를 이루는 언어 형식과 카테고리, 언어기호에 대조되는 말이 도착어에 있는가?
- 언어의 내적 의미가 기타 다른 의미들과 얼마나 연관성이 있는가?
- 번역 텍스트의 장르가 무엇인가? 예술 텍스트의 번역시 허용되는 수정이 다른 장르의 텍스트에서는 허용되지 않을 수 있기 때문이다

모든 조건이 충족되는 경우는 흔치 않다: 따라서, 언어내적 의미에 의한 효과를 항상 살릴 수 있다고 생각해서는 안 된다. 언어내적 의미의 효과를 살릴 가능성은 경우에 따라 달라진다. 그러한 경우가 아

니라면 내용을 전달할 확률이 훨씬 더 높다. 각각의 언어는 내용적 측면에서 훨씬 더 유사성을 많이 갖고 있기 때문이다. 즉, 모든 언어는 현실을 반영, 묘사하며 그 현실은 모든 민족에게 대부분 같은 것이기 때문이다(물, 태양 등등). 형식적 측면을 보면 이 유사성은 훨씬 더 줄어든다. 그러나, 언어의 내적인 의미는 언어 기호들의 대조적인 형식적 특성에 기초하고 있다.

4.2.2.1.2.4 해석자 차원의 내용 전달

해석자 차원에서 이해토록 만든 내용은 1) 발신자-작가의 독특한 생각이나 숨은 뜻을 내포하는 언어기호를 사용한 '비표준적' 내용이거나 2) 텍스트의 일부를 읽는 사람이 이해할 수 있도록 암시적인 수준으로 내용을 압축한 것이다. 해석을 통해 이해토록 한 이상, 작가의 독특한 생각이나 암시 모두 번역사 나름대로의 접근방식을 요한다.

레마르크의 소설 `3인의 전우`에는 다음과 같은 에피소드가 나온다. 식당의 경비가 주인공을 개 패듯이 패고 마지막에 조롱하듯 묻는다. "Willst du noch eine, du Wasserleiche?" 문맥적으로 보면 경비의 Wasserleiche(재수없는 놈)란 말 속에는 자기보다 약하고 무기력한 사람에 대한 경멸을 드러내고 있음이 분명하다. 따라서 번역도 이렇게 할 필요가 있다. "Хочешь еще, *дохлянтина*"(병약한 놈아, 한대 더 맞을래?) 이 경우 Wasserleiche의 외시의미가 그리 중요하지 않아서 꼭 전달해야 할 필요가 없다. "Хочешь еще, *жалкий труп утопленника?*"(물에 빠져 죽은 가련한 시체야, 한대 더 맞을래?) 의 번역자가 임의로 가련한(жалкий)이라는 단어를 삽입한 것은 인상적이다. 아마 물에 빠져죽은 시체(*труп утопленника*)라는 표현만으로는 러시아 독자에게 확실한 경멸의 뉘앙스를 충분히 전달할 수 없다고 판단한 것 같다. 그러나, 이렇게 삽입함으로써 전달은 더 어려워졌다. 간결한 표현대신 무뚝뚝하고 못된 경비에게선 기대할 수 없는 장황한 표현이 나오게 된 것이다. 따라서, 가장 좋은 방법은 앞서 언급한 것 중에 하나로서, 해석자 차원에서 내용의 민족적 겉포장을 바꾸어 그 내용(강자가 약자에게 갖는 경멸)을 관용적으로 딱 들어맞는 다른 표현으로 대체하는 것이다.

번역사의 두 번째 과제는 독자를 위해 발신자-작가가 원문에서 사용한 암시를 해독하는 것이다. 암시란 텍스트 내의 모종의 정보로서 원전을 읽는 독자는 알고 있지만, 번역본을 읽는 독자는 모르는 경우가 더 많다. 그러므로, 번역본을 읽는 독자가 암시를 이해할 수 있도록 번역가는 이러한 불균형을 해소해야 한다. 즉, 어떤 방법으로든 이 정보를 번역본을 읽는 독자에게 전달해야 한다. 번역 과정에서는 텍스트 속에 직접 정보를 추가하거나 또는 역주를 통해서 이 문제를 해결할 수 있다. 역주는 괄호처리를 하거나 각주로 삽입할 수 있다. 예를 들면,

Das Ende der Olzeit

Sie sprechen von den Lebensfrangen der Mensheheit und meinen damit die Kernenergie, von der andere glauben, sie sei eine Sterbensfrage.

Sie fertigen Szenarios fur die ferne Zukunft und erreichen damit die Aussagekraft einer Pythia. Sie notieren in Paris und in Bonn, in Hamburg, Tokio und Washington, aber sie bewegen nichts.

Aufgescheucht wie Bewohner des Hunerhofes, wenn der

Fuchs kommt, laufen alle daher, die sich mit Energiepolitik und Energieverkauf befassen...("Spiegel")

Конец нефтяной эры

Обращаясь к этой проблеме, они именуют ее не иначе как вопросам жизни и смерти человечества.

В виду при этом имеется необходимость широкого использования ядерной энергии, то есть то, в чем другие (защитники окружающей среды) видят лишь угрозу смерти.

Все они рисуют картину далекого будущего, конкурируя с легендарной древнегреческой прорицательницей Пифией. Они предпринимают усилия в Париже и Бонне, в Гамбурге, Токио и Вашингтоне, однако пока еще ничего не сдвинули с места.

Подобно застигнутым врасплох обитателям курятника, в который забралась лиса, все они носятся сломя голову – все те, кто отвечает за энергетическую политику и за сбыт энергии...

'슈피겔'의 서두를 번역한 것이다. 이 기사는 20년 전 세계를 강타했던 석유파동 시기에 관한 것으로 대부분의 러시아 독자와는 거리가 먼 얘기이다. 이 기사는 서구 독자를 대상으로 쓰여진 것으로 기자들은 사건의 추이를 지켜봤던 사람들이라서 사건의 몇 가지 측면만 단편적으로 다루고 있다. 이는 해당 구절을 보다 원문에 가깝게, 즉 역자의 부연설명 없이 옮겨본다면 이해가 될 것이다. 비교하면,

Они говорят о жизненных воросах человечества и имеют в виду ядерную энергию, относительно которой другие думают, что она ворос смерти...

(그들은 인류의 생존에 관한 문제를 이야기 하고 있다. 그리고 다른 사람들이 죽음의 문제라고 생각하는 원자력 에너지를 염두에 두고 있다.)

번역문과 원문을 비교하여 알 수 있는 사실은, 번역문에 정보를 하나 추가하는 것으로 끝나지 않고 내용의 이해를 쉽게 할 구조적 변화도 어느 정도 일어난다는 것이다. 내용해설이라 하여 동일한 해설방식을 다양하게 변용한 것이다. экспликация(해설)는 라틴어의 explicite에서 온 말로 явный(반의어: implicite-неявный)을 뜻한다. 이 방법의 핵심은 추측되는 부분까지 포함해서 텍스트의 내용에다가 좀 더 명료한 형식을 부여하는 것이다. 앞서 말했듯이, 해석자 차원의 내용해설은 역주와 같은 방식으로도 할 수 있다. 예를 들면,

...Glauben Sie denn wirklich, dass der Kommunismus in Deutscheland eine zukunft hat? Selbst wenn Sie die Gestapo nicht erwischt und Sie den Anstreicher aus Braunau uberleben – sind Sie sich so sicher, dass wir dann tatenlos zusehen, wie Sie die Industrie enteignen und die Kirchen schliessen, um ihr Sowjetdeutschland einzurichten? (Heiz Hoffmann. Mannheim, Madrid, Moskau)

...Неужели вы на самом деле счтаете, что у коммунизма в Германии может быть будущее? Даже если вас не поймает Гестапо и вы переживаете этого маляра из Браунау, то неужели вы не понимаете, что мы не станем безучасно наблюдать, как вы будете экспроприировать промышеленность и закрывать церкови, чтобы создать свою, советскую Германию?(Гейнц Гофман. Маннгайм – Мадрид – Москва.)

혹은 역주가 직접 텍스트 속에 삽입될 수도 있다. 이 경우 괄호처리가 된다. 예를 들면,

...Seine Worte klingen dunkel und gefahrlich. Einmal gebraucht er das Bild von den apokalyptischen Reitern und sagt, dass man den gesattelten Pferden die Hufe geputzt und bunte Bander in die Mahnen geflochten hatte. (G.Karau. Go oder Doppelspiel im Untergrund).

...В его словах скрывается что-то темное и зловещее. Однажды он упоминает всадников Апокалипсиса(симболы чумы, войны, голода и смерти – примеч. Переводчка) и говорит о том, что лошади уже оседланы, им почистили копыта и вплели пестрые ленты в гривы.(Г. Карау. Двойная игра.)

역주가 없어서는 안될 때가 있다. 이 방식의 특징을 심리적 관점에서 보면, 마치 책을 읽다가 모르는 단어가 나올 때 사전을 들춰보는 것과 같다. 역주가 괄호 안에 있을 경우, 독자의 시선은 번역 텍스트에서 크게 벗어나지 않는다. 반면 각주로 되어있을 경우, 이탈의 정도는 커지고, 역주가 텍스트의 끝에 있다면 정도는 훨씬 더 심해진다. 그러나, 위의 어떤 경우라도 역주가 번역 텍스트의 일부는 아니다. 첫 번째 경우는 텍스트 속의 삽입문이 되고 나머지 두 경우에는 독립된 미니텍스트가 된다.

예술 텍스트의 번역에는 가능한 한 역주를 배제하는 것이 좋다. 왜냐하면, 번역 텍스트의 전체적인 통일성이 무너지기 때문이다. 예술문학 번역가들은 가끔씩 내용의 일부를 생략하기는 해도 역주 삽입은 피한다. 프랭크의 소설 `도적 떼'(Шайка разбойников)를 보면 식당에서 말 싸움하는 장면이 나온다. 그리고 싸우는 사람들은 모두 현지의 같은 동네 사람들이다. 싸움을 지켜보던 한 외지사람이 끼어

들려고 하자, 사투리를 쓰는 식당주인이 가로막는다. 그의 자리를 가리키며 매우 정확하고 공손한 독일표준어로 바꿔 말한다.

"Dort ist Ihr Platz! "– sprach er hochdeutsch.
- "Вон там ваше место!"(바로 저기가 당신 자리입니다!)

번역 전체에 말의 속뜻이 살아있다. “여기서 일어나는 일은 외지인인 당신과 상관없는 일입니다”. 그렇다 해도 내용의 일부가 해석자 차원에서는 사라져 있다. 사실 러시아 독자들은 상대에게 사투리를 쓰는 것이 독일에서는 동향이란 표시이고 그에 따른 친밀감을 표현한다는 사실을 모른다. 그들은 낯선 사람에게는 동일하게 대하지 않는다. 이러한 민족적 색채는 러시아어 텍스트 바깥에 남게 된다. 왜냐하면, 번역의 수단을 통해서 이를 전달하기란 불가능하고, 그렇다고 역주를 삽입한다고 한들 소용이 없기 때문이다.

통역에서는 번역의 수단에 의해서 전달되지 못한 내용을 해석자 차원에서 전할 수 있도록 언어의 중계자가 간략한 설명을 덧붙일 수 있다. 이때 통역사는 운율이나 기타 다른 언어 수단을 활용하여 자신의 설명과 본래의 텍스트를 구분지어 오해가 없도록 해야 한다. 이는 통역사가 느끼기에 청중이 사전정보 없이는 연사의 말을 충분히 이해하지 못한다고 판단될 경우에만 적절히 시도해야 한다. 다양한 언어를 구사하는 대담자들의 지적 수준이 높을수록 그런 설명을 덧붙일 필요성은 줄어든다. 왜냐하면, 박식하고 교양 있는 사람일수록 외국인이 받아들이기에 명확한 내용과 불명확한 내용의 상관관계를 아주 정확하게 이해하고 있기 때문이다. 그런 사람들은 말할 때 알아듣지 못할 말을 하거나(우스운 일화를 얘기한다거나) 외국인에겐 생소한 소재로 농담하지 않는다. 해석자 차원의 내용과 연관된 모든 문제는 해외가 아닌 국내를 겨냥한 텍스트를 번역할 때 가장 자주 발생한다.

4.2.2.1.2.5 여러 종류가 혼합된 내용의 전달과 기타 문제들

이미 앞서 분석한 몇 가지 난제에서도 알 수 있듯이, 번역의 난이도는 내용구조가 복잡해질수록 높아진다. 내용의 종류가 많으면 많을수록 번역은 더 어려워진다. 또한 모든 내용이 어떤 의미를 이루고 있다거나 효과를 내는 기능을 한다면 더욱 그렇다. 내용요소가 텍스트의 어느 한 곳에 집중되어 있다면 번역을 아예 안 할 수도 있다. 우리는 이러한 예를 고리끼의 소설 '주인'(хозяин)의 번역에서 보았다.

4.2.2.1.2.6 내용전달 시 발생하는 오류들

오류를 분류하는 기준은 그 오류가 독자에게 정보를 전달하는데 어떤 잘못된 영향을 미치는가에 따른다. 왜곡은 잘못된 정보를 전달하여 읽는 이에게 전달하고자 하는 대상에 대한 혼란을 야기, 혼동에 빠뜨린다. 고전적 사례로 대조국 전쟁 당시 통역병이 오역한 기술용어 Vergaser가 있다. Карбютатор(탄화기) 대신 прибор для газовой атаки(가스공격을 위한 군장부품)라고 오역하였다.

부정확성 또한 잘못된 정보를 전달하는데 영향을 주지만, 그 정도가 덜하다. 불명확성은 왜곡과는 달리 읽는 이에게 잘못된 정보를 전달하기 보다는 방향을 잃게 하여 저자가 하고자 하는 얘기를 모호하게 만든다. 예를 게르니카의 `알버트 아인슈타인`의 러시아어 번역에서 찾을 수 있다.

Когда речь идет об истине и справедливости, не существует разницы между болшими и малыми проблемами. Ибо наиболее общие точки зрения, касающиеся человеческого поведения, неделимы. Тому, кто в малых делах несерьезно относится к истине, нельзя доверять и больших делах.

(진리와 공정성에 관해 논할 때에, 크고 작은 문제 사이의 차이가 존재하지 않는다. 인간 행위에 관한 보다 보편적인 관점이 나뉘지 않기 때문이다. 작은 일에서 진리에 신중하지 못한 사람은 큰 일에서도 신뢰할 수 없다.)

너무 문자 그대로 번역했기 때문에 무슨 얘기를 하려고 하는 지 알기 어렵다. 이 부분을 좀 더 이해하기 쉽게 다음과 같이 전달할 수 있다.

В вопросах истины и справедливости нет разницы между крупными и мелкими проблемами. Ибо наиболее общие критерии оценки человеческих поступков неизмененны. Тому, кто не слишком заботится об истине в малом, нельзя доверять и в больших делах.

(진리와 공정성에서 크고 작은 문제의 차이는 없다. 인간 행위에 대한 보편적 평가 기준은 불변이기 때문이다. 작은 일에서 진리에 신경쓰지 않는자는 큰 일에 있어서도 신뢰할 수 없는 것이다.)

번역가 양성의 중요한 부분은 번역의 오류를 익히는 것이다. 번역 오류의 분석은 사례를 분석하는 것이다. 그 과정에서 학습자는 가장 쉽게 저지를 수 있는 전형적 오류에 대해 점차 면역력을 기를 수 있다.

4.2.2.2 번역시 내용전달의 문제

본 장의 연습문제는 유형에 따라 예비적 문제와 번역시 발생하는 문제 해결능력의 향상을 위한 문제 등 두 가지로 나눈다. 텍스트의 내용과 텍스트의 다양한 차원을 구체적으로 파악하고 이를 구별할 줄 알며, 또한 번역시 발생하는 대표적인 어려움을 해결하는 능력을 기르는데 초점을 둔다. (4.2.2.1.1 언어기호와 텍스트 내용의 본연적 의미. 내용의 여러 종류 참조)

C.1. 자료: 모국어와 외국어로 된 두개의 발화문. 외시의미는 유사하지만, 내포의미는 다른 어휘 단위를 포함하고 있는 것.

과제: 위에 해당하는 어휘 단위들을 찾아본다. 내포의미 전달에 유념하여 텍스트를 번역한다.

목표: 내포의미를 읽어내고 그것을 의미의 외연적 요소와 서로 구분하여 그 특성을 이해하고 번역시 전달한다.

C.2. 자료: C.1과 같은 자료. 위에서 나열한 유형 중 하나에 해당되는 내포의미를 지닌 것.

과제: 해당 유형의 내포의미를 찾아내고 규정한다.

목표: 상동

C.3. 자료: 유명 사건, 문학작품, 작품의 인물을 지칭하는 암시를 담

고 있는 풍자형의 텍스트(모국어 또는 외국어).

과제: 풍자를 해석한다.

목표: 해석자 차원의 내용을 파악하고 그 특성을 이해한 후 번역시 고려하는 능력을 함양한다.

C.4. 자료: 다양한 관용구나 인용구, 격언이 들어간 모국어와 외국어로 된 텍스트·표면적으로 생각이 드러난 부분이 있어야 함.

과제: 텍스트를 세 그룹으로 분류한다. 직접적으로 생각이 드러나 있는 것(생각과 내용이 일치), 생각과 내용이 대조를 이루는 것(생각이 숨겨짐), 그 중간에 해당되는 것.

목표: 해석자 차원에서 숨어 있는 혹은 암호화된 내용을 읽을 줄 알고 외시의미와 내포의미를 구별하도록 한다.

C.5. 자료: 모국어와 외국어로 된 텍스트로 언어 단위와 형식의 유사성 또는 차이점이 활용된 것.

과제: 언어단위의 어떤 성질이 언어의 내적 의미의 형성과 커뮤니케이션 효과의 창출에 각각 활용되었는 지 사례들을 정리한다.

목표: 언어의 내적인 의미를 숙달하고 구조의 유형을 파악하는 능력을 기르며 그에 따른 커뮤니케이션 효과를 평가한다.(구체적인 사례와 연결시켜 볼 수 있는 답이 제시될 수

있다.)

C.6. 자료: 모국어와 외국어로 된 신문기사의 헤드라인. 해석자 차원의 내용과 더불어 신문기사의 헤드라인에 일반적으로 잘 쓰는 창작어 혹은 합성어가 동시에 쓰인 것. 헤드라인을 이해하는데 꼭 필요한 기사 내용이 요약된 박스.

과제: 특정 생각이나 감정을 불러일으키는 장치를 지적하고 독자가 헤드라인에 걸맞는 반응을 보일 수 있도록 현실적 배경도 참고로 제시한다.

목적: 두 가지 종류의 내용이 실제 전형적으로 쓰이는 분야를 예시하고 이러한 내용이 자주 함께 사용된다는 것을 보여준다. 그리고, 이를 보는 안목과 이해능력을 길러 이 내용이 어떻게 조합되고 어떻게 구성되는 지, 또 어떤 효과를 가져올 수 있는 지 보여준다.

연습문제 C.1 - C.6의 자료는 러시아어로 된 텍스트뿐만 아니라, 외국어 텍스트에도 쓰일 수 있다(4.2.2.1.2.1 외시적 내용의 전달 참조)

C.7. 자료: 러시아어와 외국어로 된 텍스트. 도착어에 등가어휘가 단 하나뿐인 어휘단위를 포함하고 있는 것.

과제: 번역하되, 사전을 참고하면서 상기 언급한 어휘단위를 찾는다.

목표: 등가어휘가 의미상 일대일 대응관계에 놓이기 어렵다는 것을 실제로 보여준다. 더 나아가 출발어와 도착어의 어

휘단위의 대응관계가 훨씬 복잡해질 수 있다는 것을 예견토록 유도한다.

C.8. 자료: 러시아어와 외국어로 된 텍스트. 출발어 어휘단위가 대응관계에 있어 몇 개의 상호 배타적인 도착어 대응어휘를 갖고 있어야 한다. 예를 들어, 독일어 Geschwur는 러시아어로 종기도, 궤양도 동시에 뜻한다.

과제: 번역하되, 위에 언급한 어휘단위에 주의하고 가능한 다양한 번역의 표현을 활용해 본다.

목표: 출발어와 도착어 어휘단위의 다양한 대응관계는 2차적 대치어를 가져와야 하는 문제와 연관되며, 문맥을 통하여 선택에 도움이 되는 정보가 없는 경우 사실상 해결이 불가능하다는 것에 유의한다.

C9. 자료: 외국어 텍스트. 각 문장마다 어휘단위가 난해하고, 다양한 문맥 속에서 추상적인 의미를 갖고 있는 것. 번역도 각각의 경우마다 다른 도착어 어휘로 해야 하는 것. 편의상 대형 외국어사전의 해설을 활용할 수 있다.

과제: 1) 사전을 공부하고 해당 외국어 어휘의 내재적 의미에 대해 생각을 정리해 본다. 2) 정리한 것에 기초하여 텍스트를 번역한다. 3) 번역한 것과 사전에 나온 해설을 비교하여 해설의 품질을 평가한다(등가물의 선정이 최적인가, 다른 등가물을 추가해야 하는가 아니면 반대로 삭제해야 하는가 등).

목표: 출발어와 도착어 어휘의 의미, 화용론적 등가성이 훨씬 더 복잡한 유형을 제시하여 외국어사전의 태생적 한계를 확인한다. 즉 사전의 표제어에 가능한 문맥적 등가물을 수록할 수 없다라는 사실을 보여준다. 사전을 통해 외국어 등가를 선택하는 일은 기계적으로 이뤄지는 작업이 전혀 아니며 그에 따른 능력이 요구된다는 사실을 입증토록 한다.

C.10. 자료: C9번과 유사하나, 외국어 사전의 해설 대신 국어사전을 자료로 하고 사전에서 여러 번 반복되는 어휘가 정의 또는 분배된 것.

과제: 국어사전을 공부하고 출발어 어휘의 내포의미에 대한 생각을 정리한다. 정해진 언술을 번역한다. 반복되어 나오는 출발어 어휘의 번역결과에 기초하여 외국어사전의 해설을 만든다. 해설에 어떤 문맥적 번역표현을 포함시킬 것인지 면밀히 검토한 후, 작성된 해설을 외국어사전의 해설과 비교해 본다.

목표: 앞선 문제와 유사하되, 목표 달성을 위해서 기타 방법 외에도 외국어사전의 해설을 직접 작성해 보는 방법도 사용한다.

C.9 – C.10 연습문제의 경우 자료 수정이 가능하다. 예를 들어 반복되어 나오는 어떤 어휘 대신 3-4개 정도 소규모 단어를 모을 수도 있다. 이 단어들은 서로 가깝지만 의미가 완전히 일치하지는 않는 것이다. 예로 причина(이유), повод(동기), предлог(핑계), основание(근거)가

있다. 출발어와 도착어 간의 복잡한 의미관계뿐만 아니라, 출발어 어휘단위들 사이의 내부적인 의미관계, 의미가 포괄적으로 교차하는 도착어 어휘단위들의 내부적인 의미관계, 또 이들 두 그룹 간의 복잡한 의미관계도 밝힐 수 있다.

언술 속에서 반복되어 사용될 수 있는 것은 어휘뿐만 아니라, 파생되는 다양한 품사도 있다(예를 들어 **соответствовать, соответствие, соответствующий, соответственно, несоответствие**). 이렇게 함으로써 학생들은 어휘 의미론과 조어 의미론의 상호작용을 명확히 이해하여 단어형성의 법칙을 활용하는 방법을 배울 수 있다. 같은 방식으로 과제도 수정이 가능하다.

C.11. 자료: C.9 – C.10 연습문제의 과제에서 학생들이 작성한 번역.

과제: 연습문제 C.9 – C.10의 출발어 언술에서 수 차례 반복되어 나온 출발어 어휘의 다양한 번역표현에 기초하여, 이 어휘가 표제어로 들어간 외국어 사전의 해설을 만든다. 작성한 해설을 기존의 대형사전이나 저명한 사전의 해설과 비교해 보고, 필요할 경우, 자신이 작성한 해설을 수정한다.

목표: 학생들이 직접 외국어사전 편찬자의 입장에 서 보게 함으로써 경험적 차원에서 학생들이 사전의 속성상 장점과 단점을 이해하도록 한다.

C.12. 자료: C9과 10의 과제물과 비슷한 자료.

과제: 분류사전을 활용, 반복되는 어휘가 들어간 언술을 주의깊게 읽으면서, 어휘의 내재적인 의미를 정리해 본다. 이런 의미에 기초하여 출발어 언술을 러시아어의 표준

어와 관용적 표현에 부합하도록 번역한다.

목표: 분류사전의 활용법을 익힌다.

C.13. 자료: C.9, C.10, C.12.와 유사.

과제: 국어사전을 활용하여 표준어와 관용적 표현에 최대한 가깝게 번역할 수 있도록 사전의 내용을 다량 작성하여 학생들에게 나눠준다.

목표: 국어사전 활용법을 익힌다.

C.14. 자료: C.9, C.10, C.12과 유사.

과제: 외국어 사전, 분류사전, 국어사전을 활용하여 최대한 표준어와 관용적 표현에 가깝게 번역한다.

목표: 다양한 사전을 종합적으로 활용하는 법을 익힌다.

C.15. 자료: 외국어 발화문으로 각 문장마다 특정 어휘단위가 포함되어 있거나 또는 거기서 파생된 어휘가 들어있는 것(общий, общество, обобществлять, общественный와 같은).

과제: 언술을 번역한다.

목표: 파생관계를 활용하여 해독된 의미를 전달하도록 한다.

C.16. 자료: 외국어 발화문으로 서로 비슷한 의미의 단어들이 여러 번 반복되어 나오는 것(예를 들어, причина, основание, мотив, повод, предлог).

과제: 언술을 번역한다.

목표 : 비슷한 의미의 언어들을 각각 구분하고 차별화하여 번역한다.

c.9 – c.16유형의 연습문제는 대안이 되는 대치어(3차 대치어)의 활용법을 다루고 있다.

C.17. 자료: 제시된 기준에 따라 선별된 러시아어 어휘 묶음.

과제: a) 특정 의미기준에서 표준이 되는 표현을 선별한다(예를 들어, мастерство, терпение, успех, зависеть, риск, ревность 단어들에 high level 기준을 적용), b) 도착어로 주어진 의미기준에서 가장 표준이 되는 표현을 선별하여 얻어진 결합어를 외국어로 번역(같은 종류의 다음 과제에서는 다른 의미기준을 적용한다).

목표: 어휘상 부적합한 대치어(4차 대치어)의 특성을 보여주고 지정된 방법을 활용하는 능력을 키운다.

C.18. 자료: 앞선 과제 수행으로 얻은 번역.

과제: 앞선 과제 수행 시 번역된 어결합 가운데 출발어와 도착어 수단에 의한 의미기준의 표현방법이 일치하는 부분과 일치하지 않는 부분을 가려낸다.

목표: 어휘상 부적합한 대치어 때문에 일어나는 현상과 부적합한 정도에 대해 생각을 정리하고 숙달한다.

C.19. 자료: a) 모국어 발화문으로 나름대로 체계가 있는 일련의 의미기준을 포함하고 있는 것. 예를 들어, Caus (каузировать – 어떤 것의 존재를 발의하다), Incep (존재하기 시작하다), Fin(존재를 멈추다), Liquc(존재를 청산하다, 어떤 것의 청산을 발의하다); 과제의 텍스트 속에 나온 이 의미기준을 나타내는 표현들 b) 가능한 표현들의 목록 (의미기준에 따라 개별 작성).

과제: 목록에서 적합한 의미기준을 골라 언술을 번역한다.

목표: C.17, C.18과 같다.

C.20. 자료: C.19 와 같은 자료. 다만 분량을 더 늘리고 의미기준도 다양하게 한다.

C.17 – C.20의 과제는 어휘상 부적합한 대치어를 다루고 있다. C.17~C.20번 과제 수행 시 분류사전을 권장한다. 외국어사전의 표현들은 번역될 단어의 의미적 대응어가 아니다. 의미기준을 나타내는 단어와 관련이 적은 것이다. 예를 들면, дремучее невежество – нем.bondelose(бездонное) Ignoranz는 표제어Ignoranz가 있는 사전 설명에서 찾아야 한다.

C.21. 자료: 외국어 텍스트의 일부로 등가가 없는 어휘를 포함하는 것. 이를 러시아어로 번역한 것

과제: 원문과 번역문을 비교하여 등가가 없는 어휘가 어떤 계열에 속하는지, 어떤 방법으로 번역될 수 있는지 정한다. 다양한 방법이 조합되어 있는 번역의 예를 제시한다.

목표: 등가가 없는 어휘를 실제현상으로서 구체적으로 생각케 하고 노련한 번역가라면 그 문제를 어떻게 해결하는지를 보여준다.

C.22. 자료: 외국어 발화문으로 등가물이 없는 어휘단위를 포함하는 것

과제: 등가가 없는 어휘 번역의 모든 방법을 동원하여 번역한다.

목표: 등가가 없는 어휘의 번역 능력을 향상시킨다.

C.23. 자료: 외국어 발화문으로 국제적 의미를 포함하고 그 가운데 상당 부분이 번역사가 잘못 알기 쉬운 것.

과제: 어휘의 함정을 염두해 두고 번역한다.

목표: 도처에 깔려있는 함정에 대한 전문가적 경계심을 기른다. 사전과 참고자료를 활용하여 스스로 점검하는 습관을 기른다.

C.24. 상동, 단 러시아어에서 외국어로 번역.

C.25. C.21과 상동, 단, 번역사가 잘못 알기 쉬운 것 대신 형식 내부에 함정이 있는 것.

C.26. 상동, 단, 언술에 "다중 의미어의 잊혀진 뜻"이 쓰인 것.

C.27. 상동, 단, 언술에 "어휘상의 비유"가 쓰인 것

C.28. 상동, 단, 언술에 "동음이 없는 지명" 이 쓰인 것

C.29. 상동, 단 언술에 앞에서 열거된 번역오류를 일으키기 쉬운 어휘가 쓰인 모든 것

c.23 – c.29 과제는 번역의 오류를 유발하는 어휘와 관련된 문제를 다루고 있다.

C.30. 자료: 외국어 발화문으로 내용의 재구성을 통해서만 번역될 수 있는 것.

과제: 내용을 재구성하여 번역한다.

목표: 내용을 재구성하는 능력을 키운다

C.31. 자료: 앞선 과제의 자료와 과제 해결로 나온 번역물.

과제: 원문과 번역문을 비교하여 내용이 재구성되고 다른 말로 바뀐 정도가 가장 두드러진 경우를 선별해 낸다.

목표: 내용을 재구성함으로써 일어나는 변화의 깊이와 규모에 대해 구체적으로 생각할 수 있도록 도움을 준다.

C.32. 자료: 외국어 또는 모국어 발화문으로서 민족문화적인 내포의 미를 지닌 것.

과제: 문자 그대로 번역하지 않고 도착어에서 전통적으로 사용되어 온 방법으로 번역한다(예를 들어, 러시아어로 худой как щепка는 독일어에서는 spindeldurr로 즉, худой как веретено로 번역한다.

목표: 민족문화적 내포의미를 적절히 번역하는 능력을 기른다.

C.33. 자료: 문체가 변화무쌍한 어휘가 포함된 언술

과제: 문체상 적합한 도착어의 수단을 선택하여 번역한다.

목표: 문체상의 내포의미를 적절히 살려내는 능력을 기른다.

C.34. 자료: 러시아어 발화문. 몇 가지 개념이 번역시 역사, 사회적 맥락에 따라 차별화된 것. (예를 들어, 바이마르공화국 시대의 독일군대 – Reichswehr, 독일연방공화국(서독) – Bundeswehr, 노동자(blue color) 임금은 – der Lohn, 회사원(white Color) 임금 – das Gehalt, 근로자 임금은 각각 – Lohne und Gehalter).

과제: 해당 역사, 사회적 내포의미를 지닌 도착어를 선택하여 번역한다.

목표: 역사, 사회적 내포의미를 고려, 적합한 등가물을 선택·번역하는 능력을 배양한다.

C.35. 자료: 언어의 내적 의미를 포함하는 언술. 분량이 많지 않은 텍스트.

과제: 번역을 포기하거나, 번역불가능한 텍스트를 번역한다.

목표: 번역에 있어 가능과 불가능의 경계를 실제로 보여줌으로써 언어의 내적 의미를 전달하는 능력을 기른다.

C.36. 자료: 외국어 발화문. 특정 사회, 역사적 상황에 기초하고 그 상황들이 암시에 의해 단편적으로 드러나 있어서 보통의 도착어 구사자들은 알 수가 없는 것(해당부분은 이탤릭체 표기).

과제: 서술문을 번역하되 표시된 부분에 각주를 달아 자국어 텍스트를 읽는 독자들에게 해석자 차원에서는 찾을 수 없는 내용을 설명해 준다.

목표: 각주를 활용하여 해석자 차원의 내용 전달 능력을 기른다.

C.37. 자료: 앞선 과제의 자료와 과제 해결로 얻은 번역물.

과제: 적당한 곳을 찾아 번역과정에서 생긴 각주를 텍스트 속에 직접 삽입한다. 즉, 해석자 차원의 내용을 부연 설명을 통해 해결한다.

목표: 해석자 차원의 대안을 통해 내용을 전달하는 능력을 기른다.

C.38. 자료: C.36과 유사.

과제: 부연 설명을 덧붙여 언술을 번역한다. 추가적인 정보를 삽입하여 도착어 구사자는 모르는 특정 상황을 설명, 텍스트 중간에 직접 삽입한다.

목표: 부연 설명을 통해 해석자 차원의 내용을 전달하는 능력을 기른다.

C.39. 자료: 앞선 문제의 자료.

과제: 해석자 차원의 문제를 다른 방법으로 해결한다. 역자의 각주를 통해, 혹은 경우에 따라 기존 방법과 현재의 방법을 비교하고 효과적인 것을 선택한다.

참고: C.36~C.39의 자료들은 반드시 실질적인 언어학적 지식을 토대로 하거나 또는 그에 따른 부연설명, 사전 및 참고자료의 해설을 덧붙여 두어야 한다.

C.40. 자료: 간접적으로 생각을 표현한 격언 등의 외국어 언술

과제: 표현의 간결성과 격언 고유의 미려한 형식을 살려 번역한다.

목표: 이전의 경우와는 다른 유형의 내재적 내용을 전달하는 능력을 기른다. 이 능력은 해석자 차원에서 언어의 어떤 문화적 문맥을 알고 있다는 사실이 아니라 언술의 속뜻을 이해할 수 있는 인간의 보편성에 근거한다.

C.41. 자료: 외국어 텍스트 일부와 그 번역문. 간과된 오류.

과제: 오류를 찾아내고 분류한다. 오류를 수정한다.

목표: 번역오류를 찾아내는 능력을 기르고, 신중하고 꼼꼼하게 번역하는 자세를 기르며, 자타의 번역문을 교정하는 능력도 배양한다.

C.42. 자료: 출발어텍스트 일부와 그 번역문. 해석자 차원에서 간과된 오류가 있는 것.

과제: 상동.(해석자 차원의 내용을 해독하도록 도와주는 짧은 주석을 가미한다.)

목표: 상동. 단, 차이가 있다면 내용이 훨씬 더 어려워서 집중력을 잃는 내용의 출발어텍스트.

C.43. C.40과 동일, 단, 관용어와 같은 출발어의 특징적인 요소의 번역시 오류가 있는 것.

C.44. 자료: 외국어 텍스트 일부와 그 번역문으로, 다양한 함정 어휘 때문에 발생한 오류가 있는 것('번역가가 잘못 알기 쉬운 것들', '내부 형식의 함정', '잊혀진 의미', '동음이 없는' 등).

과제: 1)오류를 찾고, 2) 분류하고, 3) 수정한다(번역교정).

목표: C.41과 동일, 그리고 오류를 유발하기 쉬운 다양한 어휘들이 포진해 있음을 한번 더 유념한다.

4.2.3 최적의 번역표현 찾기

4.2.3.1 알아야 할 것들

최적(optimal)이란 가능한 것 중 가장 좋은 것을 뜻한다. 보통 최적의 선택이란 몇 가지 상호 모순된 조건들이 동시에 충족되는 경우로서 무엇보다도 절충이 쉬운 것이라 하겠다. 이렇게 볼 때, 최적의 번역이란 번역사가 하는 최선의 결정임이 분명하다.

최적의 선택이란 상대적 개념이다. 최선은 아니지만 다른 표현들도 있는지 또는 그런 표현들로도 대체가 가능한 지를 판단하는 것으로 상호 비교를 통해 최선의 표현을 도출하는 것이다. 비교 없이는 최적의 표현이 진정 최선이라는 근거가 없다.

보통 최적의 선택은 몇 가지 중도적 표현들을 선별하는 과정에서 이뤄진다. 이는 체스를 둘 때 가장 좋은 수를 찾아내는 방식과 같다. 전형적인 경우라면 자신이 알고 있는 체스이론 가운데 한 가지 방법을 쓰는 것으로 이미 다른 체스의 달인들에 의해 최적의 선택으로 검증된 것이다. 번역 역시 비슷한 방식으로 결정된다. 베테랑 통번역사들의 말에 따르면 최적의 표현을 찾는 것은 한 두 번의 노력으로 끝나지 않는다.

번역사는 중도적 표현들 가운데 옥석을 가리는 선별작업을 한다. 이러한 선별작업은 통역에서도 이루어지는데 특이한 점은 그런 과정이 눈깜짝할 사이에 무의식적으로 일어난다는 것이다. 이런 선별작업의 특성이라면, 어떤 표현이든 완전히 쓸모없는 것은 아니라는 점이다. 노련한 통번역사는 대략적인 계산만으로도 어떤 선택이 바람직하지 않거나 완전히 잘못될 수 있다는 것을 즉시 알 수 있다. 따라서, 선별작업은 텍스트를 접하는 순간 즉, 듣거나 읽게 되는 순간부터 시작된다.

빠르고 효과적으로 최적의 표현을 찾아내는 능력은 다음 두 가지 능력에 기초한다. 1) 다양한 표현을 생각해 낼 수 있는 능력, 즉 하나를 다양하게 표현할 수 있는 능력과 여러 표현 중에 어색한 것을 골라내고 제거(변환) 할 수 있는 능력, 2) 사용 가능한 여러 표현 가운데 가장 좋은 것을 골라내는 능력이다. 최적의 표현을 결정하는 과정에서 중요한 수단은 번역의 변환인데, 이러한 능력은 체스를 둘 때 어떤 상황에서 어떻게 움직여야 하는 지 알고 있는 것과 같다.

유형별 변환은 여느 다른 분류와 마찬가지로, 다양한 방법으로 분류될 수 있다. 가장 바람직한 분류는 언어 차원에 따른 분류이다. 이 방법은 변환을 유형화할 수 있을 뿐만 아니라 변환과 또 다른 번역방법의 큰 틀인 대체 사이의 경계를 그을 수 있다.

언어에는 차원이 있다. 차원은 전체 언어체계의 하위 체계로서 각각의 차원은 동일한 언어범주와 단위에 대한 총체적인 활용규칙의 집합체이다. 음성적, 어휘적, 형태적, 통사적 차원이 그것이다. 번역된 언술은 출발어 언술과 대칭이 될 수도 비대칭이 될 수도 있다. 이때 비대칭은 하나의 또는 몇 가지 차원에서 발생할 수 있다. 예를 들면, 번역된 어구가 출발어의 통사적 구조를 보존하나, 어휘적 차원에서는 차이가 날 수 있다. 이는 출발어의 한 어휘가 도착어에서 구조상의 대응어로 번역되지 않고 문맥상의 등가물로 번역된 결과이다.

변환의 기본은 출발어의 음성학에서 도착어의 음성학으로 이동(소위 의미의 음성 교체)하는 것이다. 이러한 과정없이는 번역이 불가능하다. 음성만 변환한다면 그 번역은 단어 대 단어의 번역, 즉 대치에만 의존한 번역이다. 이러한 출발어의 음성학적 변환(의미의 음성교체)을 진정한 번역의 변환으로 볼 수 없다. 왜냐하면, 이는 번역에 따라오는 필요불가결한 과정으로 번역과 동시에 당연히 수반되는 변함없는 요소이기 때문이다. 우리의 의식은 이런 음성변화를 감지하지 못한 채, 음성의 의미 교체를 단지 단어 대 단어의 번역으로만 받아들일 뿐이다.

따라서, 번역에 있어서 변환은 음성 이외의 다른 차원인 형태적, 어휘적, 통사적 차원들과 연계한다. 보다 고차원으로는 보조용언 혹은 어원의 차원까지도 나아간다. 어떤 차원에서 도착어와 출발어 간의 비대칭이 발생하는가에 따라 변환을 다음과 같이 분류할 수 있다.

1. 형태적 변환 (발화 일부의 "변화")

Воспитание ребенка – нелегкое дело.
(아이의 양육은 쉽지 않은 일이다.)
→ *Воспитать* ребенка - нелегкое дело.
(아이를 양육한다는 것은 쉽지 않은 일이다.)

Его тянуло к *свету и простоте*.
(그는 빛과 단순함에 이끌렸다.)
→ Его тянуло к *светлому и простому*.
(그는 밝고 단순한 것에 이끌렸다.)

2. 어휘적 변환 (출발어의 어휘가 구조적이 아닌 문맥적 대응어로 교체)

Он *приблизил* книгу *к лицу*.
(그는 책을 얼굴에 가까이 댔다.)
→ Он низко *склонил голову* над книгой.
(그는 책 위로 고개를 낮게 숙였다.)

3. 통사적 변환 (발화의 통사적 구조의 "변화")

Иван разбил своим трактором дорогу.
(이반은 트렉터로 도로를 부셨다.)
→ Трактор Ивана разбил дорогу.
(이반의 트랙터가 도로를 부셨다)

4. 심층적 변환 (발화의 재구성, 원문과는 다른 세부사항으로 상황을 묘사)

Вдруг он выхватил нож.
(갑자기 그가 재빨리 칼을 뽑았다.)
→ Вдруг в его руке появился нож.
(갑자기 그의 손에 칼이 생겼다.)
→ Вдруг в его руке все увидели нож.
(갑자기 그의 손에서 모두 칼을 보게 되었다.)
→ Вдруг в его руке сверкнул нож.
(갑자기 그의 손에서 칼이 번쩍였다)

표면적 변환과는 달리 심층적 변환은 언술의 언어적 외양뿐 아니라, 그 구성원리로서 상황묘사의 특징을 선택하는 행위 마저 변화시킨다. 각 상황에는 사실상 수 많은 세부사항이 있다. 그러나, 상황을 묘사하는데 모든 세부 사항이 필요한 건 분명 아니다. 발화내용을 구상하면서 화자는 상황을 묘사하는데 어떤 것(구성요소)은 넣고 어떤 것은 뺄 것인지 결정하게 된다. 이때 화자의 선택의 폭은 넓기도 하고 좁기도 하다. 예를 들어 설명해 보자.

같은 상황에 대한 네 가지 묘사를 보면 다음과 같은 세부사항이 나온다: 1) 그의 몸 어딘가에 감추고 있던 칼 2) 상황을 목격한 사람들 3) 재빠른 동작 4) 갑작스럽게 상황이 벌어짐. 위의 묘사에는 언제, 어디서, 목격자들이 누구이고 몇 명이었는지, 사건이 벌어지게 된 동기는 무엇이었는지, 날씨는 어땠는지, 칼은 무슨 종류였는지, 어느 손으로 칼을 쥐었는지, 그가 어떤 옷을 입었고 어떤 모습을 하고 있었는지 등 세부사항에 대한 언급이 없다.

상황을 묘사할 때는 모든 요소가 다 사용될 수도 없고 또 그럴 필요도 없다. 나아가 지나친 세부묘사는 내용을 이해하기 어렵게 만들어 요점을 놓치게 한다. 한편, 이런 사실은 같은 상황도 여러 가지 다른 특징들로 묘사될 수 있음을 보여주는 사례에서도 분명히 알 수 있다. 이런 가능성 때문에 상황에 대한 심층적인 변환이 가능하다. 이러한 사실을 잘 보여주고 있는 것이 앞서 제시한 예들이다.

1. 직접적인 상황묘사: 주체가 과거에 행하였거나 완료한 행동처럼 묘사된다;
2. 일종의 결과처럼 상황을 묘사: 행동 자체는 드러나지 않고, 칼이 어디서 생겼는 지도 언급이 없다. 이런 사항은 추측을 통해 전체적인 맥락에서 쉽게 파악된다;
3. 주변 인물들의 눈을 통한 상황묘사: 주체의 행동이 앞선 경우보다 훨씬 더 간접적으로 묘사된다;
4. 간접적인 상황묘사: 행동이 눈 앞에 그려지는 시각적 효과를 통해 묘사된다.

다양한 차원의 변환은 각각 다른 방식으로 출발어의 내용에 영향을 미친다. 가장 작은 변화를 동반하는 경우라면 형태적 변환과 통사적 변환이다. 이들 변환은 아주 제한적이어서 눈에 잘 띄지 않는다. 반면, 내용에 크게 영향을 주는 것은 어휘적 변환이고 그 보다 더한 것이 심층적 변환이다. 따라서, 후자의 두 방법을 사용하는 데에는 신중한 자세가 필요하다.

한편, 번역에서는 단순 변환이 매우 드물다는 사실을 기억해야 한다. 복합 변환이 흔히 일어난다. 예를 들면, 형태 범주적 변환은 통사적 변환과 함께 자주 쓰이고 또, 그 반대의 경우도 많다.

다양한 번역의 변환은 언어학의 차원의 일반적인 특징에 따라 분류할 수 있을 뿐만 아니라, 더 특수하고 세부적인 기준에 따라서도 분류할 수 있다. 따라서, 여러 논문에서 학자들이 사용한 특정 체계가 없다 하더라도 용례를 포함하고 있으면 번역에 있어 변환의 수평적인 분류도 가능하다. 번역변환의 특수한 분류는 분류라기 보다는 번역방법을 나열한 것(하나의 기준이 없으므로)으로 보편적이진 않다. 하지만, 여러 층위의 변환과 같은 나름의 보편성을 가지고 어디서나 접할 수 있는 것들이다. 그러니, 각각의 경우에 있어서는 아주 효과적인 번역방법의 목록이라 하겠다.

많은 번역학자들이 정리해 놓은 이와 같은 방법에는 '반의에 의한 번역'이라 불리는 변환이 있다. 이 변환의 핵심은 출발어의 표현수단이 반의어로 교체되는데 있다. 즉, 출발어의 뜻과 정반대되는 도착어의 표현수단으로 바뀌는 것이다. 이때 내용이 긍정(plus)에서 부정(minus)으로 바뀌지 않도록 번역문에 부정을 하나 더 추가해야 한다. 즉, 한번 더 부정해서 결과적으로 다시 긍정이 되게 하는 것이다. 이렇게 부정을 상쇄하는 형식은 여러 가지가 있다:

Продолжающийся экономический спад[4)]
(지속되는 경기 침체)
→ *Непрекращающийся* экономический спад
(*끊임없는* 경기 침체)
«Спартак» *превосходит* «Динамо» по всем статьям.
("스파르탁"은 모든 항목에서 "디나모"를 *앞서고 있다*.)
→ «Динамо» *уступает* «Спартаку» по всем статьям.
("디나모"는 모든 항목에서 "스파르탁"에 *뒤지고 있다*.)

---

4) Продолжающийся (continuous) = прекращающийся с минусом (discontinuous with negative meaning) ; непрекращающийся = прекращающийся с минусом.

맨 마지막 변환은 반전이다. 반전이란 상황을 뒤집어 묘사하는 것으로 똑같은 양상을 정반대의 측면에 바라보는 것이다.

Иван пришел раньше Петра.
(이반은 표트르보다 먼저 도착했다.)
→ Петр пришел позже Ивана.
(표트르는 이반보다 늦게 도착했다.)

Сергей женился на Людмиле.
(세르게이는 류드밀라에게 장가갔다.)
→ Людмила вышла замуж за Сергея.
(류드밀라는 세르게이에게 시집갔다.)

Экспедиция израсходовала продовольствие.
(탐험대는 식량을 다 써버렸다.)
→ У экспедиции кончилось продовольствие.
(탐험대의 식량이 바닥났다.)

또 한가지 방법은 많은 번역가들이 '적절한 대체'라 부르는 것이다. 이 방법의 핵심은 외형상으로는 일치하지 않지만 기능(의미)면에서는 등가성이 성립되도록 교체하는 것이다.

Это случится, когда рак на горе *свистнет*.
(그런 일은 절대로 없을 것이다.)
→ Это произойдет после *дождичка в четверг*.
(해가 서쪽에서 뜨면 그런 일이 생길지 모른다)

앞에서 쮸체프가 하이네의 시를 번역하면서 소나무와 종려나무에 적용한 예가 그것이다. Сосна(소나무)를 кедр(삼나무)로 교체함으로

써 남성과 여성이란 문법적 성의 대조를 보존하고 이러한 대조에 바탕을 둔 알레고리(사랑하는 두 남녀의 만날 수 없는 운명)를 살릴 수 있었다.

그런데, 모든 관용구가 관용구로, 모든 은유가 은유로 번역되는 것은 아니다. 도착어의 여건에 따라 간접적인 서술방식에서 벗어나 관용구나 은유로 된 표현을 일반적인 단어들로 직접 전달해야 할 경우가 있다. 이런 방법을 탈관용구화라 하겠다. 물론, 이와 반대의 경우는 관용구화이다.

Я сыт по горло вашими обещаниями.
(당신 약속에 배가 부르다.)
→ Я не верю больше вашим обещаниям.
(난 더 이상 당신의 약속을 믿지 않는다.)

Его глаза метали молнии.
(그의 눈은 번개를 녹였다.)
→ В его глазах был гнев.
(그의 눈엔 분노가 가득했다.)

Чума XX века(20세기 역병) → СПИД (에이즈).

한편, 번역에서 적잖이 사용되는 방법으로 구체화가 있다. 이 방법의 핵심은 원문보다 내용을 더 구체화하는 것이다.

Внутренние водоемы
(내륙의 수자원)
→ каналы, реки и озера (운하, 강, 호수)

그 반대의 방법을 일반화라 한다.

Стол, стул, шкаф, диван (책상, 의자, 장롱, 소파) → мебель (가구)

4.2.3.2 최적의 번역표현 찾기 능력

1. 자료: 원문과 번역문으로 번역상 여러 오류가 있는 것.

   과제: 오류를 찾아 분류하고 수정한다.

   목표: 번역을 보는 안목을 기르고 미흡한 번역을 찾아 고칠 수 있는 능력을 향상시킨다.

2. 자료: 외국어 원문 텍스트와 각기 다른 사람이 한 번역 2~3개.

   과제: 각 문장마다 가장 잘된 번역을 고르고 자신의 선택을 논증한다. 즉 선택한 번역문의 장점과 선택하지 않은 번역문의 단점을 설명한다. 여러 번역문을 읽어보고 가장 잘된 점만 골라서 하나의 완전한 번역 텍스트를 구성한다. 이때 잘된 번역을 찾을 수 없는 문장은 스스로 만들어 본다.

   목표: 여러 번역 가운데 가장 잘된 것을 고르는 능력을 기른다.

3. 자료: 러시아어 발화문.

   과제: (내용은 살리면서) 발화를 다른 말로 바꾸고 새로운 표현을 활용하여 문장을 시작한다.

예: *Чтобы быть хорошим собеседником, необходимо научиться слушать.*

(좋은 대화 상대가 되기 위해서는 잘 들을 줄 알아야 한다.)

- *Не научившись слушать...* (*잘 들을 줄 모르면...*)
- *Хорошим собеседником...* (*좋은 대화 상대는...*)
- *Тот, кто...* (*...사람은*)

목표: 다른 말로 바꾸는 능력을 향상시킨다.

4. 상동, 단 외국어 텍스트.

5. 문제 2 또는 3과 동일, 단, 새롭게 기술하는 대신 힌트로서 어떤 키워드를 제시한다.

예: *Отец передал свой необыкновенный музыкальный талант сыну* (унаследовать).
아버지는 아들에게 음악적 재능을 물려 주었다.

6. 형식을 더 간결하게 하기 위해 다른 말로 바꾼다.

예: *Те, кто спекулирует валютой, – это люди, не знающие, что такое совесть. Они наживаются на тех трудностях, которые испытывает наша экономика.*
(*환투기를 하는 사람들은 양심이 뭔지 모르는 사람들이다. 그 사람들은 우리 경제가 처한 어려움을 이용해 돈을 벌고 있다.*)
→ *Валютные спекулянты – бессовестные люди, наживающиеся на наших экономических трудностях.*
(*환투기꾼들은 어려운 경제사정을 이용해 돈을 버는 양심 없는 사람들이다.*)

이렇게 내용을 압축하는 것을 축약(компрессия)이라 한다. 축약 능력은 특히 동시통역에서 중요하다.

7. 자료: 모국어 발화문.

과제: 각 문장을 두 세 가지 방법으로 번역한다. 힌트는 괄호 안에 각 문장이 끝날 때 마다 키워드를 넣어준다.

목표: 다양한 표현으로 번역할 수 있는 능력을 기른다.

8. 자료: 러시아어 발화로 직역이 안 되는 어휘를 굵은 활자로 표시한 것.

과제: 번역 전에 다른 말로 바꾸어 번역하기 곤란한 단어를 출발어 텍스트에서 없앤다. 이때 의미는 그대로 살리도록 한다. 다른 말로 바꾼 후 번역 해본다.

예: Напрасно ты думаешь, что она тебя простила.
(그녀가 너를 용서해 줬다고 생각하는 건 부질없는 거야)
→ Ты ошибаешься, если ты думаешь, что она тебя простила.
(그녀가 너를 용서해 줬다고 생각하면 실수하는 거야)

Он был наказан напрасно.
(그는 괜히 벌을 받았다)
→ Он был наказан без основания.
(그는 이유도 없이 벌을 받았다)
Напрасно ты встал с постели, ведь ты еще болен.
(친대에서 일어나는 건 무리야. 넌 아직 아프잖아)
→ Ты не должен был вставать, ведь ты еще болен.
(침대에서 일어나면 안돼. 넌 아직 아프잖아).

목표: 번역의 유연성 및 문장을 재구성하고 표현을 선별하는 능력을 기른다.

9. 자료: 출발어의 일부와 그에 대한 러시아어 번역 출간물. 변환을 포함하고 있는 것.

과제: 변환을 찾아내고 분류한다.

목표: 1) 수많은 번역작업 중 특정 유형의 변환을 구별해 내는 능력을 향상시키고 – 번역의 변환에 대한 이론적 이해를 숙달하고, 2) 어떻게 그리고 얼마나 광범위하게 실제 사용되고 있는가를 보여주고, 3) 미래의 번역가들에게 번역의 노하우를 쌓게 해 준다.

10. 상동, 단 학습자료에 특수변환이 포함된 것.

11. 자료: 외국어 텍스트와 변환이 활용된 2~3개 번역본.

과제: 번역을 서로 비교하고, 어느 곳에 어떤 변환방법이 가장 적합한지 결정한다.

목표: 가장 적합한 변환방법을 고르는 능력을 배양한다.

12. 상동, 단 러시아어에서 외국어로 번역.

13. 자료: 러시아어 텍스트.

과제: 외국어로 번역하되, 각 문장마다 괄호 안에 지시된 변환을 활용한다.

예: *У экспедиции кончилось продовольствие* (конверсия).
탐험대의 식량이 바닥났다 (통사기능변화)

목표: 번역변환을 활용하는 능력을 배양한다.

14. 상동, 단, 힌트로 변환방법을 지정하지 말고 키워드나 어결합을 제시한다.

15. 문제 13과 동일. 단, 외국어에서 러시아어로 번역한다.

16. 문제 14와 동일. 단, 외국어에서 러시아어로 번역한다.

끝으로 지금까지 언급한 내용은 연습문제를 포함하여 모두 번역총론에 해당된다. 모든 언어의 출발어와 도착어에 대등하게 적용될 수 있거나 적어도 인도유럽어의 출발어와 도착어에는 적용될 수 있다는 점을 밝혀둔다.

이런 보편적 특성 외에도 번역은 어떤 언어에서 어떤 언어로 이루어지는냐에 따라 특수성도 지닌다. 이는 번역의 독자적 이론의 과제라 하겠다. 따라서, 번역 테크닉의 내용은 영노 번역의 특성, 노영 번역의 특성과 같은 특수성 탐구에 의해 보충될 수 있다. 독어-노어의 특수성이라 한다면, 양태적 동사(modal verb)의 번역, 번역시 관사의 생략, 능동형에서 피동형, 피동형에서 능동형으로의 변환 및 기타 피동형의 전달 방법, 수사 앞의 전치사와 부사의 번역, 생격으로 연결된 노어 명사의 빈역, 집속사 когда가 이끄는 종속문 번역, 부동사를 사용한 표현의 번역 등있다.

5

통번역의 일반능력 배양

전문 번역사 양성 교육기관의 총체적인 과제는 번역 및 여러 형태의 통역(동시통역 포함)의 전문 능력과 기술을 학생들에게 훈련시키는 것이다. 여기서는 동시통역의 특성을 소개하는 정도만 다룰 것이다. 동시통역에 보다 소질이 있는 학생들을 위해서 선택 과목으로 연습하는 것이 바람직하다.

5.1 통번역의 종류 전문 지식 및 기술

통번역 활동은 다양한 형태로 이루어진다. 각각 나름의 특성을 가지고 있으며 각 특성은 그에 적절한 능력과 기술을 요구한다. 이를 습득하는 과정에서는 난해한 통번역에서만 요구되는 특수 능력 및 기술도 반드시 응용된다.

5.1.1 번역 능력 및 숙달

번역과 통역 중 어느 것이 더 어렵다 또는 쉽다고 할 수 없다. 뛰어난 번역사가 통역을 전혀 하지 못하거나 혹은 그 반대인 경우도 있다. 학자들은 이같은 사실에 난색을 표하는데 여러 경우에 번역으로부터 얻는 능력이 통역능력과는 현저하게 다르다는 것을 보기 때문이다.

그러니까 번역과 통역은 서로 전혀 다른 자질을 요구한다. 번역사는 시간의 부족함을 겪진 않는다. 번역가는 충분히 생각할 시간이 있다. 만약 적합한 대응어를 알지 못한다 해도 사전을 통해 찾을 수가 있다. 또한 해당 분야를 잘 모른다고 해도 사전이나 참고자료의 도움을 받을 수 있다. 이것이 바로 번역사의 특권이다.

다른 한편, 번역은 문체나 내용면에서 언제나 엄격한 정확성을 요구한다. 통역에서 허용되는 표현이 번역에선 적합하지 않을 수도 있다. 또한 대개 번역의 원본은 통역의 원고보다 상당히 복잡하다. 통역은 사실, 제한된 분야(연설문, 인터뷰, 토론, 담화)에서만 사용된다. 어려운 예술관련 책자, 신문이나 인쇄물, 과학 기술 서적 등은 실제로는 번역을 통해서만 소개된다.

번역에 필요한 능력은 앞 장에서 기술한 것이지만, 통번역사 모두에게 필요한 것이있다. 앞장에서는 능력과 기술의 도입에 관해서도 언급한 바 있다. 번역사의 특별한 능력은 사전 및 참고자료를 활용하는 능력과 관계한다. 또한 번역 전단계에서 출발어텍스트를 분석하는 능력과 본인의 번역을 편집하는 능력도 포함된다. 이러한 능력을 개발하기 위한 기초 능력 및 훈련에 관한 것은 출발어텍스트를 전달하는 장에 자세히 설명되어 있다.

번역 전단계에서 출발어텍스트를 분석하는 능력과 그 의미를 여기서 특별히 언급할 필요가 있다. 왜냐하면 출발어텍스트를 분석하는 단계에서 이미 전문 번역사는 독자적으로 번역을 시작하기 때문이다. 번역사가 번역을 시작하면 텍스트의 언어를 통해 전체적인 부분이 명확해진다. 텍스트의 장르가 무엇인지, 어떠한 문체인지 등이 명확해지는 것이다. 언어와 텍스트의 특성 및 의미상의 뉘앙스를 결정하는 것은 텍스트가 가진 내용이 아니라 텍스트의 장르와 문체이며, 이야말로 번역물의 상징적인 내용을 내부에서부터 꿰뚫는 것이다. 번역의 가장 큰 어려움은 텍스트의 내부로 들어가 텍스트 외부 및 내부의 형식을 결정하는 일이다.

다시 말하면, 내용상의 어려움은 여러 자료의 도움으로 해결할 수 있다. 그러나 출발어텍스트와 도착어텍스트의 형식 문제는 텍스트를 정확히 알고 구체적으로 이해할 때만 해결된다.

번역 전단계의 출발어텍스트 분석과제를 '예비분석'이라 하자. 이는 출발어의 번역 능력을 형성하기 위해 주어진 유형별 과제이다. 언어의 요소들을 모아 놓은 것이 아니라 각 언어의 어려움을 구체적인 텍스트의 언어로 해결할수 있는 능력을 배양하기 위한 것이다.

예비분석 1. 자료: 사무 편지

과제: 기본적인 서류의 형식을 결정한다. 공식적이고 사무적인 문체중에서 어떤 유형의 언어가 사용되었는지를 살펴본다. 문장 속 단어 배열과 동사 형식에 주목한다.

예비분석 2. 자료: 사업 광고. 공식적이고 사무적인 분야에서는 문체의 뉘앙스가 실용적인 기능을 한다. 건조한 표현부터 감정적 표현의 뉘앙스까지 있다. 일반 광고에서는 후자가 호소력을 가진다.

과제: 감정표현이 숨어 있는 광고 텍스트에서 사무적인 문구와 광고적인 구조 및 '호소'라는 언어적 도구를 분리한다.

예비분석 3. 자료: '단신' 이라는 제목 하의 텍스트는 다양한 주제의 짧은 소식들로 이루어져 있다. 이러한 항목으로는 '뉴스' '증시' '날씨' '독자투고' '안내' '추천' '알림' 등이 있다. 이 모두는 정확한 진술과 간결함을 토대로 한다.

과제: 단신의 성격을 정의한다. 보도, 묘사, 기록, 추천등 사실을 열거하는 것이다. 단신의 간결한 특성을 만들어 주는 언어적 특징을 결정한다(집합명사, 막대한 단어결합, 복잡한 문장, 동사의 의미론, 명명법). 정보가 텍스트 구조에 어떻게 담겨져 있는가. 누가? 무엇을? 어디서? 언제? 등이다. 사실을 열거한다.

예비분석 4. 자료: 사무적이거나 문어체의 텍스트는 현대통사론적 기준에 따라 이루어진다.

과제: 문장과 문장 내부 구조의 특성을 분석한다. 텍스트 전체의 언어를 분석을 한다. 인쇄체, 문어체 형성 방식 및 공식적 표현이나 사무 텍스트의 언어적 특징을 정의한다.

예비분석 5. 자료: 비지니스 인터뷰

과제: 인터뷰 언어의 특징을 분석한다. 질문과 답변구조에 주의를

기울인다. 건조체가 나타나는 텍스트에서 인터뷰의 사무적 특징을 강조한다.

예비분석 6. 자료: 인지도가 높은 학술 논문

과제: 일상적 전문용어와 특수 전문용어를 구분한다; 특수한 전문용어의 구조를 분석한다. 전문용어와 주제별 어휘를 번역한다. 어떤 단계에서 전문용어의 공용화 문제가 나타나는지, 이때 주제 서술에 접근할 수 있는지를 결정한다. 대중적인 서술을 하는데 있어 텍스트적인 방법과 언어적인 방법을 구분한다. 논리를 형성함에 있어 통사론적 방식과 줄바꾸기를 분석한다.

예비분석 7. 자료: 학문정보가 담긴 짧은 글('정보'란 것은 내용이 불변함을 의미하고, '짧다'는 것은 내용이 불변함을 표현하는 형식을 의미한다).

과제: 통사구조가 어떠한지, 문장에서 어떠한 정보(중요한 혹은 부가적인)를 담고 있는지; 어휘에 있어서도 어떤 중요한 정보가 담겨 있는지를 분석한다. 객관성과 논리를 언어적으로 어떻게 형성하는가를 살펴본다.

예비분석 8. 자료: 학술문의 텍스트 구조를 만들어내는 것은 명료성이다.

과제: 명료성의 형식이 완벽하게 이루어졌는 지 살펴본다. 논증의 요소가 존재하는지, 논증의 요소가 어떠한 언어조합 형식을 통해 통사를 구성하는 지 살펴본다.

예비분석 9. 자료: 공통된 주제의 다양한 장르

과제: 하나의 사고를 다양한 장르로 만들어 본다. 어떤 단계에서 주요 및 부차적인 문체가 구성되는가를 살핀다.

예비분석 10. 자료: 출판물 텍스트의 요약

과제: '신뢰성과 객관성'의 주요 특성이 이 장르에서 어떻게 이루어지는가, 간접적인 어투의 신문보도를 작성해 보고, 기자의 메시지가 어떠한 언어적 요소 속에서 드러나는가를 본다.

예비분석 11. 자료: 정치 인터뷰(생생한 내용 서술을 위해 질문과 답변으로 구성된 인터뷰, 사회적 지위 부여, 즉 인터뷰 대상자의 이름을 포함할 것).

과제: 인터뷰의 종류와 기능 및 문체적인 특성을 결정한다. 독백형식의 인터뷰 대화를 기술한다. 어떤 단계에서 질문과 답변을 하는 것이 인터뷰에 도움을 주는가.

예비분석 12. 자료: 정치, 사회적 메시지

과제: 관행적인 도입과 맺음말 등 텍스트 속의 '메시지'를 특징지우는 문체를 결정한다. 본문의 성격-보도, 고찰은 어떠한가, 언어의 뉘앙스와 이 뉘앙스의 통사론적 구조는 어떠한가.

예비분석 13. 자료: 두 가지 대립적인 문체가 명확하게 차이 나는 칼럼. 공식적이고 사무적인 문체와 일상적인 문체

과제: 두 문체의 주요 특징을 고려하여 칼럼을 분석한다. 공식적-

자유로움, 건조-감성, 사무적-비사무적, 객관적-비객관적 등.

예비분석 14. 자료: 참고할 텍스트가 있는 공식적인 연설문. 연설문의 문체적 특징이 제목(중심단어/단어조합) 속에 나타나 있다.

과제: 중심단어나 단어의 조합이 연설문의 공식성과 숨겨진 언어의 지시성을 어떻게 제약하는가. 텍스트와 문장 구조 및 문법적인 특성이 어떻게 사실을 표현하고 있는가. 주어와 문장구조의 특성을 살펴본다. 단어 결합구조를 나누어 문장을 복잡하게 만드는 한정적, 상황적, 객관적 구조등으로 분리한다. 표현의 압축수단으로써 결합구조가 갖는 텍스트상의 역할을 분석한다. 도입과 결론의 논리적인 상관관계를 분석한다.

예비분석 15. 자료: 세 가지 정도의 언어 장르에 나타나는 하나의 주제

과제: 3 주제가 각각 어떻게 재구성되었나. 각 텍스트가 어떠한 기능의 문체와 관계가 있는가. 정치적, 문학-예술적, 통속적 문체가 텍스트의 언어적인 형성에 어떻게 영향을 미치는가. 어떤 장르에서 주관성이 보다 분명하게 나타나는가. 이것이 어떻게 언어 속에 표현되는가. 각각의 장르는 어떠한 언어조합형식을 기반으로 하는가. 장르별 기초 억양은 어떠한가.

예비분석 16. 자료: 희곡의 출발어텍스트. 사실의 역동적인 묘사가 내부의 독백이나 직설법으로 인해 퇴색된 장르.

과제: 다양한 의식을 담은 독백 구조를 분석하고 주인공의 의식이

보여주는 여러 감정적 뉘앙스와 독백형식의 대화체를 분석한다. 대화체의 문체적 뉘앙스 중 어떤 부분이 주인공의 의식(문학-회화-친숙-비속-무례) 형성과 관계가 있는가를 예시를 통해 확인한다. 주인공의 독백 속에 나타난 부가적 통사들을 예시를 통해 보여준다.

예비분석 17. 자료: 리드미컬한 산문 텍스트

과제: 수사학(논증, 장엄, 리드미컬한 구조-평행, 리듬감의 반복, 점증식 반복, 단어 배열, 대구 등-내에서 나타나는 생동감)적인 시각에서 원문을 도식화한다.

번역작업에서 마지막으로 중요한 단계는 교정으로 볼 수 있다. 교정 과정에서 번역 과정에 삽입되었던 오류를 삭제한다. 특히 글의 시점을 잘 유지해야 하고, 출발어텍스트와 도착어텍스트의 미세한 부분이라도 동일하게 처리해야 한다. 이들의 동일성은 결과적으로 단어간 대응어의 총합으로 이루어진다. 하지만 전체적인 대응과 단어 대응사이에 여러가지로 맞지 않는 부분이 있을 수 있다. 이러한 불일치는 수정이 필요하다. 즉 출발어텍스트로 되돌아가거나 도착어텍스트를 재고하는 것이다.

이러한 수정을 했던 확실한 인물로 유명한 문학번역가 코발레프를 들 수 있다. 그는 미국작가 윌리암 포크너 3부작을 번역한 출판사 편집장이다.

«1부작의 제목은 '시골'이다. 이 소설에는 처음으로 여자 주인공 율라 요르네르가 등장한다. 율라는 아직 어린아이이지만 조숙한 소녀같다. 게으르고 소극적이고 행동도 느릿하다. 기존의 번역사들은 이 소녀가

이미 지녔던 미래의 '엘레나 쁘리끄라스나야'-'영원한 여성성', 거의 이방의 신에 가까운 강력한 이미지를 놓치고 말았다. 이러한 어휘의 건망증 때문에 주인공은 '폄하'되고 미래의 엘레나의 이미지는 단순화되고 거칠어졌다... 우리는 율라의 모든 대사를 논의했다. 즉 그녀의 초상을 세세하게 그렸고 즉시 다른 억양과 다른 단어들이 등장했다: 입술이 '두꺼운'것이 아니라 도톰하며 걸음걸이도 '느릿'한게 아니라 '게으른 면이 있는'으로 또한 피부는 '무색'이 아닌 '윤기 없는'으로. 우리는 어떠한 자유도 우리 스스로에게 허락하지 않았다: 그러나 영어로 '허스키 보이스' 라는 말은 술취한 선원과 관계가 있다(이 때는 '목쉰 소리'를 뜻한다). 또한 천상의 미인이라는 뜻이 있다. 그러나 이 때 목소리는 문맥상 볼 때 '낮은' 혹은 '짓눌린', '둔탁한' 심지어 '알아듣기 힘든'이라는 뜻이다. 그리고 편집인의 충고를 귀담아 들은 유능한 번역사들이 그제서야 이 무표정한, 느릿한 그리고 조용한 미인을 포크너가 그린 모습 그대로 발견할 수 있었다. 몇몇 단어는 달리 해석되어 '율라가 세상을 소의 눈'이 아닌 '툭 튀어나온 눈'으로 바라보았다'가 되었다».[5]

코발레프는 번역의 진실을 여과없이 확인케 해 준다. 이는 경험있는 번역사들에게 잘 알려져 있고 설사 그렇지 않다 해도 최소한 직감으로 느끼는 것이다: 번역을 마칠때면 번역사는 원본에 무엇이 더해졌는지 번역초기보다 훨씬 잘 찾아 삭제할 수 있다.

이는 단지 문학텍스트에만 해당되지 않는다. 사무적인 텍스트를 번역할 때면, 번역하기 매우 어렵게 느껴지는 부분이 있어, 적절한 표현이 나중에 떠오를거라는 희망을 갖고 일단 빈자리로 남겨두는 경우가 있다. 결국 나중에 잘 처리된다. 이와 같이, 현명한 번역가는 항상 자신의 번역을 보다 명료하게 볼 수 있어야 한다. 본인의 번역이 번역 당시보다 편집과정에서 훨씬 부풀려 진다는 점도 인식해야 한다.

---

5) 레이트 코발레바. 궁지에서 빠져나가는 것, 편집과 번역, 모스크바. 1965, C.9

이로써 테마-레마의 연속 구성속에서 발생하는 오류를 수정하고 불필요한 반복이나 압축된 부분, 길게 늘여 쓴 부분 등을 삭제할 수 있다.

편집에 필요한 능력은 번역과제를 수정하고 논의하는 과정 속에서 향상된다. 과제를 통해 잘못된 번역을 깨끗이 수정하여 다시 쓰는 것, 혹시 남아 있을지도 모르는 오류들을 수정하는 것이다. 때로는 다른 동료의 번역을 상의하면서 편집하게 하는 것도 유익할 수 있다. 실제로 본인의 번역보다 동료의 번역을 더 열심히 수정하기 때문이다.

5.1.2 통역 능력 및 숙달

5.1.2.1 통역에 필요한 능력 및 숙달

통역에 공통된 능력을 키우려면 무엇보다 사용 빈도수가 높고 활용하기 쉬운 대응어에 대한 지식과 이들 대응어를 즉각적이고 자동적으로 활용할 수 있는 학습이 필요하다. 통역사의 경우, 적절한 대응어를 생각해 낼 시간적 여유가 없기 때문에 알맞은 대응어를 즉각적이고 자동적으로 사용하는 능력을 필수로 가져야 할 것이다.

통역할 때 오래 머뭇거리거나 동요할 경우 통역사 스스로 원어(원문)를 이해하는데 방해가 되어 상대방과의 의사전달 흐름을 깨뜨릴 수 있다. 물론 아주 복잡한 상황에서라면 가끔은 생각을 위해 약간의 시간을 가질 수 있다. 허나 이런 일시적인 중단을 매번 되풀이하지 않으려면 가능한 대응어를 자동적으로 활용할 수 있어야 한다. 그럴 경우, 통역사가 난해한 부분에 이르러 생각을 위해 잠시 머뭇거리더라도 청중은 그것을 원어 연사가 자기 생각을 표현하기 위한 가장 적절한 말을 구상하느라 머뭇거리는 것으로 여길 것이다.

출발어-도착어의 언어학적 대응관계는 통번역의 원칙이다. 그러나 대응관계가 고정적이지는 않아 언어간의 어휘적 차이가 많을 경우에는 효과적이라 할 수 없다. 특정 문맥에서만 통할 수 있는 의미를 고정적으로 받아들이거나 다른 경우에도 무조건 적용시킨다면 정확한 문맥상 의미전달이 이루어질 수 없다. 또한 어휘를 적시 적절히 사용할 수 없으면 단어를 아무리 많이 알아도 효용가치가 없다. 이 경우, 문맥상 대응어를 파악하는 것이 더욱 효과적이라 할 수 있으며 오랫동안 잊어버리지 않는 방법이기도 하다. 가장 널리 알려진 외국어 교수법은 끊임없이 반복하여 숙어 또는 예문을 확실히 암기하도록 하는 것이다. 훈련을 통해 구절이나 문장 구조를 체화시켜 실제 통역 과정에서 이를 사용할 수 있도록 한다. 또한 이는 포괄적인 통역능력과 습관을 기를 수 있는 방법이기도 하다.

그러나 이러한 방법만 계속 사용할 경우에는 단조로워질 수 있으니, 사용 빈도수가 높은 어휘들을 포함하는 텍스트 재료를 통해 대응어를 습득할 수 있도록 한다. 그렇게 하면 학습에서 느낄 수 있는 단조로움을 피할 수 있다. 다음의 방법을 적용해 보자. 출발어텍스트와 그 번역문으로 다음과 같은 학습을 실시한다.

a) 대응어를 알고 있는지, 모르는지 혹은 잘 활용되지 않는 것인지를 구분하도록 한다.
b) 외국어 텍스트를 모국어로 문장구역 또는 순차통역 하도록 한다.
c) 메모를 이용하여 외국어 텍스트를 해당 외국어로 재구성하도록 한다. (이 때 첫 단계에서 만들어진 대응어 리스트를 이용해도 좋다.)
d) 모국어 텍스트를 외국어로 통역하도록 한다. (대응어 리스트를 이용

해도 좋다.)

e) 모국어 텍스트를 외국어로 문장구역하도록 한다.

f) 모국어 텍스트에서 외국어로 동시통역의 수준으로 통역하도록 한다. 통역속도가 느릴 경우 교수에 의한 교정이 필요하다. (대응어의 자동화된 적용을 목표로 한다.)

위에 서술된 통역 훈련은 녹음기기를 이용하거나 혹은 두 명의 학생이 조를 이루어 한 명이 통역하면 다른 한 명은 지적하고 또 반대로 역할을 바꿔서 하는 등의 방법으로 할 수 있다. 이 때 교수는 학생들의 역할을 조정해준다. 훈련에 필요한 텍스트는 어휘의 사용빈도수가 높고 어절이나 구절형태가 단순한 문장이어야 한다.

위에 서술된 훈련체계는 단지 예일 뿐, 다른 방법을 추가하여 수정 또는 보완할 수 있다. 예를 들면 모국어 텍스트를 눈으로 보고 외국어로 번역해 보거나, 아니면 귀로 듣고 번역해 보는 방법도 있다. 또한 텍스트의 종류가 다양하면서도 체화하기 좋은 유사어휘가 있는 경우 훈련에 더욱 이로울 것이다. 그러나 이렇게 텍스트에만 의존하는 것은 급변하는 정세로 인해 대다수 사회 · 정치 분야 텍스트가 시사성을 빨리 잃게 된다. 매 훈련시 항상 새롭고 신선한 자료를 준비해야만 한다는 점에서 사전작업을 상당히 필요하기 때문에 비경제적이라 할 수 있다.

한편, 대응어를 이해하고 암기시키기 위한 통역훈련으로 반복훈련을 들 수 있다. 부담없는 분량의 모국어 텍스트를 준비하여 학생 한 명이 첫 번째 문장을 소리 내어 읽고 통역한다. 나머지 학생들은 틀린 부분을 지적해 주거나 자신의 통역 대안을 제시하면 교수는 이 중 가장 괜찮은 통역을 선택해 준다. 첫 번째 문장을 읽고 통역한 학생은 교수가 정해준 통역문을 다시 반복한다. 다음 학생은 두 번째 문장을 읽기에 앞서 첫 번째 문장의 통역을 반복한다. 세 번째 학생은 앞의 두 문장의 가장 좋은 통역 예문을 반복한다. 이런 과정을 계속한다. 이렇게 해서 마지막 학생은 첫번째 문장부터 끝까지 통역하게 된다. 마지막으로 학생 중 한 명이 텍스트 전체를 다시 한 번 통역한다. 녹음기기는 불필요하며 지금까지 학습한 텍스트를 통역해 오는 과제물을 부여해 다음 수업시간에 검사하도록 한다.

이런 반복 훈련은 초급단계에서만 적용하는 것이 좋다. 왜냐하면 오래 지속할 경우 자율적인 학습성이 결여되기 때문이다.

통역훈련 시 인사말, 호소, 바람, 기쁨, 동정, 감사, 존경, 지지의 표현 등 일상적인 숙어를 많이 사용하게 된다. 이들 숙어의 유형은 동일 어군으로 이루어지는 것이 원칙이다. 예를 들면 '바람', '호소', '연설' 등에 나타나는 것이 그것이다. 대응어를 이해하고 암기하기 위한 목적으로 2박자 또는 4박자 리듬훈련이라는 방법이 사용되기도 한다.

통역사가 긴장없이 외국어를 귀로 듣고 수용하는 능력은 중요하다. 이를 위해서 녹음기를 이용한 받아쓰기 훈련이 필요하다. 이 훈련의 장점은 학생이 수업시간 외에 개인의 학습소화능력에 맞춰 제 스스로 할 수 있다는 점, 제각각인 발음과 특성을 가진 여러 사람들의 발화에 익숙해질 수 있다는 점이다.

통역사의 중요한 또 하나의 능력은 훌륭한 언어구사능력이다. 통역사는 좋은 발성법과 올바른 억양과 어조로 적당한 크기의 소리로 말할 수 있어야 한다. 그래서 통역사는 전문적인 연설가여야 한다는 이들의 주장은 틀린 말이 아니다. 이렇듯 통역훈련 교수는 학생들의 언어구사능력 형성에 지속적인 관심을 보여야 한다는 것을 알 수 있다. 교수는 무성의한 발성, 잘 안 들리고 불명확한 말이나 올바르지 않은 억양을 지적해 주어야 한다.

통역사는 극히 복잡한 (때때로 극단적인) 조건하에서 통역을 하게 된다. 이 때 통역사의 통역문은 번역문에서처럼 구조적으로 정확할 수 없다. 그러면서도 통역사의 말은 청중들에게 그 구성에 있어 문제가 없는 것처럼 들려야 한다. 번역문에 비하여 통역문은 정리가 덜 되어 보이고 구조적으로 더 불안정해 보이기 마련이다. 이러한 결점을 보완할 방법은 어휘통사론적 가변성(어순전환, 도치, 의역 등)과 이에 따르는 억양과 운율의 변화를 적절히 조절할 수 있는 능력배양이라 하겠다.

통역사가 지금까지 설명한 모든 방법을 제대로 사용할 수 있게 되면 자주 접하는 어려운 상황에서 벗어날 수 있다. 통역사가 발화 도중 잘못된 통사구조를 선택했다고 깨닫는다 해도 그것을 뒤집기는 불가능하다. 이런 경우 통역사는 억양 조절을 통해 통사적 '변환물'을 보완해 주어야 한다. 통사적으로 하자가 없더라도 어휘를 바꿔줌으로서 문장을 보완할 수도 있다. 이런 목적으로 특히 어휘통사론적 치환법이 널리 쓰인다. "탐험대는 식량이 바닥났다"를 "탐험대는 식량을 모두 써버렸다"로 치환하는 것이 그 예이다. 이와 비슷한 유형으로 어순전환, 피동형을 능동형으로 전환하거나 그 반대, 그리고 부정문을 이용한 반의법을 사용할 수 있다. 예로, "사적 유물론의 입장에 서 있는 자들만이 역사전개의 본질을 이해할 수 있다"는 표현을 "사적 유물론의 입장에 서 있지 않은 자들은 역사전개의 본질을 이해할 수 없다" 혹은 "사적 유물론의 입장에 서 보지 않고서는 역사전개의 본질을 이해하기란 불가능하다"로 바꾸는 것이다.

언어구사능력을 향상시키기 위한 훈련으로 문장재구성 연습이 있다. 텍스트를 눈으로 보고 입으로 다시 구술하는 방법이다. 처음에는 모국어 문장을 재구성해보다가 숙달된 후에는 외국어 문장을 재구성해보는 것이다. 어떤 단어로 재구성 문장을 시작할 지 머릿속에 미리 정해지는 것이 보통이다. 출발어 문장에서는 이런 시작 단어가 분명하게 드러나 있기 때문이다. 문장 재구성시에 어휘요소를 대체하거나, 추가할 수 있으며 하나의 구(句)를 가진 문장구조를 다중 구의 구조로 변환시킬 수도 있다. 이 과정에서 출발어 문장의 원 의미는 그대로 보존되어야 한다.

통역사에게 필요한 또 다른 자질은 출발어텍스트 또는 그 의미를 통역할 때까지 잊어버리지 않고 기억해 두었다가 통역할 수 있는 단기간 기억능력이라 할 수 있다. 이런 기억능력은 통역의 종류에 따라 그 요구조건이 달라지기 때문에 여러 종류의 통역 각각의 특성에 맞게 그 능력을 향상시켜야 하겠다.

5.1.2.2 시역 능력 및 숙달

시역은 통역과 번역 또는 동시통역과 순차통역의 중간적 위치에 있다. 번역과 시역의 공통점은 출발어텍스트를 직접 눈으로 본다는 것이다. 이로써 통역사에게 원문이 구조적으로 더욱 쉽게 와 닿을 수 있다. 예를 들면 통역사가 문장의 첫 부분을 보다가 바로 마지막 부분으로 또는 중간 부분으로 이동할 수 있고 필요한 경우에는 (문맥을 이해하기 위해) 텍스트의 다른 부분을 볼 수도 있다. 즉, 텍스트의 시역은 번역과 마찬가지로 올바른 해석을 위해 여러 차례 시도가 가능하다. 바로 이것이 다른 종류의 통역과 시역이 근본적으로 다른 점이다.

동시통역과 시역의 공통점으로는 첫째, 시역은 동시통역과 마찬가지로 원문 문장을 오랫동안 기억할 필요가 없다는 것이다. 둘째, 시역은 시각 장치를 통해, 동시통역은 청각장치를 통해 원문을 이해해야 한다는 차이가 있으나 둘 다 사전 준비 없이 통역에 임해야 하기 때문에 순간적인 이해력과 재구성능력을 필요로 한다는 점이다. 또한 시역은 동시통역을 위한 훈련으로도 적용할 수 있다.

시역은 통역활동의 한 형태로서 광범위하게 사용되고 있다. 각종 회의의 연설문이 텍스트를 통해 통역되고 있으며 동시통역사는 연설 바로 몇 분 전에 원문 텍스트를 받곤 한다. 시역에 가장 필요한 자질은 출발어텍스트의 통사구조를 재빨리 파악하고 그 구조를 분석하는 능력이다.

언어학에서는 문장의 통사적 중심을 본동사라고 본다. 동사의 파생형 명사를 제외하면 본동사는 문장성분들과 직접 연결되어 있기 때문이다. 그러므로 학생들은 출발어 문장의 동사에 주의를 집중해야 한다. 또한 해당 동사의 적절한 대응어를 선택해 도착어 문장의 통사적 구조의 윤곽을 잡는 능력을 향상시켜야 한다. 다음의 훈련 방법이 있다.

출발어텍스트를 놓고 펜으로 주어와 술어를 구분한 후 미리 읽지 않고 바로 통역한다. 사전 준비시간을 점점 줄여 출발어텍스트를 눈으로 훑어 볼 수 있는 시간을 조금 준다. 이 시간 역시 점점 줄여 1~2분당 1500~2000자 정도로 제한한다. 마지막으로는 문장의 구조를 구분하지 않고 바로 통역한다.

이런 훈련은 시청각실에서 실시할 수 있다. 모든 학생들이 동시에 짧은 시간 준비 후 통역을 하면 교수는 그 중 잘못된 학생을 교정해준다. 교수가 여러 학생을 한꺼번에 듣고 일일이 모든 실수를 집어낼 수는 없으므로 이런 훈련은 상급단계에서 적용하는 것이 바람직하다.

시역능력 훈련 과정에서 교수는 학생들이 머뭇거리거나 더듬거리지 않고 평탄하게 말할 수 있도록 해주어야 한다. 도착어가 문체나 통사론적으로 올바르게 구성되도록 또는 주기적으로 등장하는 어휘나 문법의 난점을 해결할 시간을 벌기 위해 발화 속도를 조금 줄이는 정도는 허용할 수 있다.

5.1.2.3 문장단위 통역의 능력 배양 및 숙달

문장 단위 통역은 연설문, 성명서, 환영사 등 기타 여러 형태의 통역에서 사용되는 방법이다. 통역사는 미리 인쇄된 텍스트 없이 통역을 하게 된다. 보통 단문이나 3~5개 정도의 문장 단위로 통역을 하는데 한 번에 수행하는 통역의 길이는 연사에 의해 결정되기도 하며, 연사가 잠시 쉬고 싶다거나 통역사에게 말할 시간을 줄 때는 통역사 본인에 의해 정해지기도 한다.

다른 통역 형태와 달리 문장 단위 통역에 있어 두드러진 점은 출발어의 문장 내용을 통역하는 순간까지만 잊지 않고 기억해 두었다가 통역할 수 있는 능력이 있어야 한다는 것이다. 이를 위한 단기간 기억능력 향상을 위해 아래의 훈련을 적용할 수 있다.

a) 교수는 문장 단위로 모국어와 외국어로 된 텍스트를 읽어주고 학생들은 최대한 정확하게 이를 재구성하도록 한다.
b) 같은 방법을 반복하되 대신 숫자, 날자, 지명, 고유명사 등 정확한 암기를 요하는 까다로운 단어를 집어 넣는다.

통역시에는 출발어의 의미를 전달해야 할 뿐만 아니라 출발어의 개별적인 구성요소를 최대한 재구성할 수 있어야 한다. 때문에 의미를 기억하는 능력뿐만 아니라 기계적 기억능력도 필요한데, 이를 위한 훈련으로는 교수가 10개 이하의 단어를 모국어나 외국어로 낭독하거나 모국어와 외국어로 번갈아 한꺼번에 낭독하고 학생들이 이를 기억해내도록 하는 방법이 있다. 이 때 낭독한 외국어 중에는 학생들에게 생소한 단어도 포함될 수 있다. 물론, 문장단위 통역훈련에 있어 주가 되어야 할 방법은 실습이다.

실제 문장단위 통역을 하는 상황에서는 노트테이킹(note taking)을 해도 무방하나 보행중이거나 차안에 있을 경우 메모할 수는 없다. 노트테이킹을 이용한 통역능력 향상 훈련은 주로 순차통역을 위해 적용되는 경우가 많다. 지금까지 서술된 내용을 종합해 보면 문장 단위 통역시 노트테이킹을 하지 않는 습관을 기르는 것이 학생들의 단기간 기억능력 향상에 도움이 된다 하겠다. 숫자, 고유명사, 요일, 달 등 까다로운 단어는 예외로 둘 수 있겠다.

출발어텍스트를 적당한 단위로 끊는 것은 통역사 본인의 의지에 따라 연사의 말을 얼마나 잘 기술적으로 재구성할 수 있는가의 능력에 달려 있다. 교수가 문장 단위 통역용 텍스트를 읽을 때 학생들로 하여금 특정 부분부터 통역을 시작할 수 있도록 한다. 일부러 문장을 인위적으로 길게 끊으면 안되고 학생 스스로가 교수의 호흡에서 통역시작 순간을 포착할 능력을 가질 수 있게 한다. 텍스트를 듣는 동안 학생들은 운율의 흐름을 잃지 않아야 하며 통역 개시 순간은 문장의 의미소가 끝나는 부분에 해당될 때여야 한다.

문장단위 통역훈련은 시청각실의 전체학생이 동시에 하는 것이 효과적일 수 있다. 학생들이 통역한 것을 녹음하면 그 중 몇 개를 재청취하고 토의하여 틀린 부분을 수정할 수 있기 때문이다. 문장단위 통역 훈련 초기 단계에서 텍스트 분량은 60~70음절 이내로 하고 나중에 발전단계에 들어서면 90~100음절 정도로 늘린다.

5.1.2.4 대화체 통역의 능력과 숙달

대담통역은 서로 다른 언어로 말하는 두 사람의 대화를 통역하는 것으로 보통 한 사람이 말하는 발화의 길이는 일정치 않다. 문장단위 통역과 달리 대담통역은 A언어에서 B언어로, B언어에서 A언어로의 재빠른 전환능력을 필요로 한다. 때문에 출발어에 대한 이해력뿐만 아니라 도착어로의 재구성 능력 또한 중요하다. 그 외에는 문장단위 통역과 대부분 일치한다고 보면 된다. 언어전환 능력 향상을 위해 다음의 훈련을 적용할 수 있다.

a) 교수는 모국어와 외국어 상호간 큰 차이가 없는 문장들을 읽어주고

학생은 그 내용을 다시 이야기 한다. 또한 의미가 유사하고 서로 상관관계가 많은 텍스트를 사용할 수도 있다. 이때 다른 언어로의 전환 시점은 예상치 못한 순간에 발생할 수 있다.

b) 같은 방법을 반복하되 텍스트를 그대로 반복하는 것이 아니라 도착어로 통역을 한다.

모국어와 외국어 대화문을 준비한다. 처음 단계에서 두 화자의 역할을 맡은 학생들이 순서대로 통역을 하면 교수는 수정이 필요한 부분을 체크해 두었다가 학생들과 논의를 거쳐 교정을 해준다. 발전된 단계에서는 두 명이 조를 이루어 이 훈련을 한다. 학생 A가 읽어주면 학생 B는 그것을 통역하고 학생 A는 학생 B의 틀린 부분을 지적해준다.

교수는 학생들간의 역할을 정해준다. 텍스트를 모두 통역하고 틀린 부분을 바로잡았으면 이제 역할을 바꾼다. 마지막으로 학생들 중 한 명이 전체 학생들 앞에서 교수의 감수하에 텍스트를 통역한다. 이와 반대의 순서로 진행할 수도 있다. 맨 처음으로 학생들 중 한 명이 전체 학생들 앞에서 교수의 감수하에 텍스트를 통역하고 틀린 부분을 논의하여 교정 한다. 다음으로 두 명이 조를 이루어 연습한다.

5.1.2.5 순차통역 능력배양

문장 단위 통역과 달리 순차통역은 중간에 쉬지 않고 처음부터 끝까지 전체를 통역하는 것이다. 이런 경우 출발어텍스트의 내용을 다 기억할 수 없다. 출발어텍스트를 들으면서 메모를 할 수 밖에 없다. 그러므로, 요점만 골라 정리할 수 있는 능력은 앞서 서술되었던 통역활동에 있어 필수적인 요소 중 하나로 추가될 수 있다.

순차통역은 각종 협상, 정치인들의 국가간 회담, 기자회견, 사절단 방문시 환영사 등을 할 때 필요하다. 동시통역을 위한 설비가 마련되지 않았거나 계획되지 않은 경우에도 광범위하게 사용된다. 출발어텍스트를 메모할 때에는 텍스트에 나오는 단어들을 그대로 적는 것이 아니라, 내용을 파악할 수 있는 의미를 기록한다. 속기로 적는 것보다는 내용 파악을 하는 것이 우선이기 때문이다. 내용을 보면 다음과 같다[6].

a) 교수는 학생들에게 노트테이킹의 원칙을 알려주고 집에서 주의 깊게 복습해 오도록 한다.
b) 수업시간에는 한 시간 가량, 학생들이 얼마나 노트테이킹의 이론적 법칙을 이해했는지 확인하는 시간을 갖는다.
c) 실습으로 넘어간다. 처음 단계에서는 통역 없이 노트테이킹만 하는 것이 좋다. 모국어(출발어) 텍스트의 내용을 신속하고 경제적인 방법으로 요약 기록할 수 있는 능력이 생기면 텍스트의 내용을 거의 그대로 재구성할 수 있을 것이다.
d) 다음 단계에서는 모국어에서 외국어로 옮기는 것을 추가한다. 대응어휘를 몰라 진도에 방해가 되지 않도록 학생들은 강의 시간과 별도로 모든 필수 어휘를 익히는데 노력해야 할 것이다. 학생들이 노트테이킹을 충분히 소화하면 통역실습 단계로 넘어갈 수 있다.

노트테이킹과 순차통역 훈련은 주로 강의실에서 하고 수업시간에 녹음된 텍스트를 집에서 메모하고 그것을 순차통역하는 과제를 부여해 준다. 다음 수업시간에는 부여된 과제물이 얼마나 충실히 이행되었는지 테스트 해준다.

---

6) Minjar Beloruchev, 통역의 이론과 방법론, 모스크바, Moskow lichei, 1996, 208c.

원문 내용을 재구성 하기 위한 노트테이킹은 매우 짧은 순간에 활용되어야 한다는 것을 유념한다. 시간이 조금만 지나면 적어 놓은 것이 내용을 재구성해내는 데 더 이상 도움이 되지 않기 때문이다. 노트테이킹은 "기억의 매듭" 역할을 하지만 어느 정도 시간이 경과하면 그 매듭이 무슨 의미를 가지고 있었는지 기억해 내기 힘들다. 그러므로 노트테이킹과 순차통역훈련은 주로 수업시간을 통해 이루어지는 것이 좋다.

5.1.2.6 동시통역 능력 배양

동시통역은 근래에 이르러 적용범위가 더욱 광범위하다. 동시통역이 없는 국제회의는 생각할 수 없을 정도다. 동시통역은 청중에게 외국어를 직접 전달해준다는 효과를 넘어 시간을 절약해 준다. 동시통역의 이런 특성으로 인해 엄밀히 말하면 동시통역이라고 할 수 없는 동시통역 비슷한 것도 생겨났다. 이를 '위스퍼링'이라 하며 동시통역에 필요한 설비가 없는 상황에서 동시통역을 하는 것이다. 연사가 연설하면 그와 동시에 통역사가 (보통 낮은 목소리로) 연설의 주요 내용만 청중에게 전달하는 것이다. 문장의 종결부분을 통역시작 기점으로 보고 출발어 연사가 문장을 채 끝내기 전에 통역을 시작하는 방식을 적용하여 문장 단위 통역이나 대담통역을 하는 경우도 종종 있다.

동시통역은 통역사로부터 몇 가지 특수한 자질을 요구한다. 가장 중요한 것은 도착어로 통역하는 와중에 동시에 출발어를 듣고, 출발어를 들으면서도 동시에 도착어로 통역할 수 있는 능력이다. 듣고 말하기의 동시 수행능력을 위한 다음과 같은 훈련이 있다.

a) 교수가 텍스트를 읽어주면 학생들은 그것을 들으면서 동시에 입으로 소리내어 따라한다. 그리고 나서 학생 중 한 명에게 텍스트 내용을 재구성하도록 시킨다. 다른 학생들은 틀리거나 빠진 부분을 수정하게 한다. 여기서, 텍스트 내용을 전달하는 훈련은 어디까지나 학생들이 텍스트를 듣고 접수할 수 있게 하기 위한 수단이지 그 자체가 목적이 아니라는 것을 미리 학생들에게 설명해주어야 한다. 그렇지 않을 경우 학생들은 본인도 모르게 텍스트를 소리내어 따라하는 데만 신경쓰는 바람에 나머지를 듣고 이해하는데 소홀해질 수 있다.

   처음에는 모국어 텍스트로 읽고 모국어로 숫자를 세다가 나중에는 외국어 텍스트를 읽고 모국어로 숫자를 세게 한 후, 모국어 텍스트를 읽고 외국어로 숫자를 세도록 난이도를 조절해 준다. 텍스트의 낭독 속도를 빠르게 함으로써 난이도를 높일 수도 있다. 출발어텍스트는 녹음기를 이용할 수도 있다. 교수가 직접 텍스트를 읽는 경우 학생들이 하고 있는 것을 계속 보기 때문에 교수 본인도 모르게 학생들의 속도에 맞춰 자기가 읽는 속도를 줄이게 될 수 있으나 녹음기를 이용하게 되면 그럴 수 없기 때문에 조금 더 어려울 것이다.

b) 동일한 훈련을 숫자를 세는 대신, 모국어 또는 외국어 텍스트(교수가 읽어주는 텍스트와 다른 것으로)를 소리내어 읽게 한다. 이 훈련은 후에 교수가 읽어주는 텍스트(출발어)를 도착어로 재구성하게 함으로서 난이도를 높인다.

동시통역을 할때 보통은 통역사가 연사보다 약간 뒤쳐지게 말한다. 이런 습관을 기르기 위해 다음의 훈련을 실시하도록 한다.

a) 교수가 텍스트를 읽어주면(녹음기를 이용할 수도 있다) 학생들은 각자에게 편안한 간격을 두고 뒤따라 텍스트를 소리 내어 말한다. 처음에는 모국어 텍스트로 하다 나중에 외국어 텍스트로 한다.

b) 같은 방법으로 하되, 낭독해 주는 것과 학생들이 따라 말하는 것이 2~3개 단어 정도의 간격이어야 하는 조건으로 한다. 이것이 숙달되면 간격을 5~7개 단어로 늘린다.

지금까지 설명한 훈련들은 동시통역에서 실제로 행해지는 몇 가지 기본 형태다. 동시통역 능력을 완벽하게 구비하기 전 단계에서는 우선 출발어를 접수하는 중에도 동시에 통역할 수 있는 능력을 길러야 한다. 이런 능력은 다음과 같은 과정을 통해 완성될 수 있다.

먼저 시역으로 5.1.2.2장에서 이미 설명한 것처럼, 시역은 동시통역과 달리 출발어의 수용이 청각이 아닌 시각을 통해 이루어진다는 차이가 있다. 다른 부분에 있어서는 텍스트 통역 역시 일정하게 미리 계산된 속도로 수행해야 한다는 점에서 동시통역과 매우 유사하다. 그러므로 시역은 동시통역 숙달을 위한 준비 훈련이라 볼 수 있다.

한편, 복잡한 상황에서 출발어텍스트를 듣다 보면 중요한 단어를 놓칠 수 있다. 이때는 문맥을 통해 놓친 내용을 추측하는 수밖에 없다. 해당 출발어의 특성에 따라서 문맥으로 추측하는데 그 중요도가 결정되는 경우도 있다. 예를 들어 독일어에서 동사의 의미소에 해당되는 부분이 거의 대부분 문장의 종결부에 붙어 있는 것이 그런 경우이다. 통역사가 연사가 동사를 말할 때까지 기다리면 이전 내용을 잊어버리기 마련인데, 이런 경우 유일한 예방책은 연사가 해당 동사를 언급하기 전에 미리 예측하여 통역하는 것뿐이다. 다음은 문맥추측 능력을 기르기 위한 훈련이다.

a) 군데군데 단어가 생략된 텍스트를 학생들이 읽고 복원하도록 한다. 처음에는 모국어 텍스트로 하다가, 숙달되면 외국어 텍스트로 연습한다. 초기에는 손으로 쓰다가 나중에는 구두로 연습한다.
b) 같은 방법으로 하되 이번에는 텍스트를 학생들이 아니라 교수가 읽어주는 텍스트를 듣고 복원하도록 한다. 녹음기를 이용해 훈련할 수도 있다. 녹음방법은 텍스트 전체를 읽되 특정 부분에서 마이크를 막

고 읽으면 된다. 이렇게 하면 녹음시 자연스러운 억양을 유지할 수 있기 때문에 학생들이 텍스트를 이해하고 복원하는데 큰 무리를 주지 않는다.

c) 위의 항목과 같은 방법으로 하되 생략된 부분을 채우는 대신 도착어로 재구성하도록 한다.

물론, 모든 텍스트가 그렇게 쉽게 추측될 수는 없다. 어떤 것들은 상당히 중요한 의미를 지니고 있어 놓쳐버릴 경우 내용 복원이 불가능할 수도 있다. 그래서 통역사가 추측을 통해 복원할 수 있는 것은 특별히 중요한 의미를 지니지 않은 단어가 생략된 경우로 한정된다. 그러므로 위의 훈련을 실시할 때 텍스트에서 생략시킬 요소는 부차적인 정보를 가진 단어들로, 생략되더라도 문맥상으로 별 무리 없이 내용을 복원할 수 있는 것들이어야 한다. 예를 들면 “На вчерашнем заседании парламента... представитель оппозиции. Повторяя избитые..., он выдвинул ряд... в... кризиса правительства»(어제 개최된 의회회의에서 야당 대표가 열띤 …로 정부의 …한 위기에 관한 …를 주장했다.). 복원이 좀 더 어려운 텍스트를 예로 들면 “На вчерашнем заседании... выступил представитель... Повторяя избитые аргументы, он выдвинул ряд требований...»(어제 개최된 …회의에서 …가 나서 열띤 논조로 …주장했다.).

문맥추측 능력은 동시통역 외에 다른 형태의 통역에서도 유용하게 쓰일 수 있다. 출발어가 청각을 통해 전달되는 이상, 통역사는 뭔가를 놓치기 마련이다. 연사의 발성이 나쁘다던가 방송시설에 문제가 있다던가 여러 원인이 있을 수 있다. 때문에 모든 형태의 통역에서 놓친 단어를 복원하여 해석할 수 있는 능력은 매우 중요하다.

마지막으로, 연구에 따르면 보통 통역된 텍스트는 연사가 말한 원래 텍스트보다 더 길다고 한다. 그러므로 통역된 문장이 더 길어지는 경향을 보상하기 위한 방법으로 축약을 사용하고 있다. 첫 번째로 어휘 축약이 있다. 여러 단어의 조합을 그 보다 적은 수의 단어로 바꾸는 것이다.

예: "지구상에서 이 지역 평화를 회복시키기 위해서는 적극적인 노력이 필요하다" — "이 지역 평화를 위해 적극적으로 투쟁해야 한다."

"선거에서 당이 승리를 거두었다" — "선거에서 당이 승리했다".

"전쟁범죄를 저지른 인물" — "전범"

둘째로 통사적 또는 어휘통사적 전환을 통해서 텍스트 길이를 줄일 수 있다.

예: "통역 이론을 습득하지 못 한 사람은 통역 이론을 제대로 가르칠 수 없다"
— "통역 이론의 습득 없이 통역 이론을 제대로 가르치는 것은 불가능하다"
— "통역 이론의 지식이 없으면 통역 이론을 가르칠 수 없다"

셋째로 부차적 정보가를 가진 단어를 생략하는 것이다. 이미 언급되었거나 자체가 동일한 의미를 가져 중복되는 경우에 텍스트를 압축할 수 있다.

예: "그리고 나서 좌중들 앞에 N이 나서게 되었다. 그는 연설에서 현 상황의 심각성을 강조했다"
— "그리고 나서 N이 나서게 되었다. 그는 상황의 심각성을 강조했다".

텍스트 압축 능력을 기르기 위해 축약 가능한 텍스트를 준비해 읽게 한 후 초기에는 쓰면서 축약하는 연습을 하다가 나중에는 구두로 축약하는 연습을 하도록 한다. 축약 능력이 제법 생기고 기초가 확립되었다고 생각되면 텍스트를 청취하게 하고 그것을 축약하는 연습을 한다. 이 때, 연사보다 한 템포 뒤에 말하는 훈련과 병행하여 실시해 보도록 한다. 모국어로 압축훈련이 끝나면 외국어로 훈련하도록 한다.

모국어 또는 외국어 축약 훈련에 들어가기에 앞서 우선 문장 축약시 주로 어떤 방법을 사용하는지, 예로서 어떤 것들이 있는 지 학생들에게 설명해 주어야 한다. 또한 축약이 통역에서 어떤 역할을 하는지, 특히 동시통역에서 축약은 원문이해와 더 좋은 표현을 생각해내기 위한 시간을 벌 수 있는 기회를 준다는 것도 설명해야 할 것이다.

한편, 언어전환시 이루어지는 축약도 있다. 출발어에 해당하는 도착어가 여러 개 있을 경우 그 중 가장 짧은 것을 선택하는 방법이다. 이 능력을 향상시키기 위해 이에 적합한 텍스트나 문장을 사용할 수도 있으며 지금까지 실시했던 모든 훈련에 적용할 수도 있다.

지금까지 본 장에서 설명한 훈련은 동시통역에 필요한 자질 향상을 위한 것이다. 그러나 그 자체로 완전한 동시통역이 될 수는 없다. 그래서 이를 동시통역 준비훈련이라 부르는 경우도 있다.

준비훈련으로서 숫자가 있는 텍스트의 동시통역 훈련은 준비훈련에서 곧바로 훈련단계로 나아가게 하는 징검다리 역할을 한다. 이 훈련은 숫자에 대한 감을 익히게 함으로써, 숫자라는 특성상 비교적 쉽게 기계적 통역 능력을 어느 정도 향상시킬 수 있게 한다. 때문에 초기단계 훈련으로 매우 적합하다 할 수 있다.

동시통역 실습을 위한 본 훈련은 다음과 같이 실시한다. 텍스트를 미리 익혀 보기 위해 다음과 같은 연습을 한다.

a) 텍스트를 종이에 써서 번역해 본다.
b) 텍스트를 문장구역 한다.
c) 대응어를 따로 정리해 가며 출발어텍스트와 함께 도착어텍스트(번역문)를 학습한다.
d) 텍스트에서 잘 모르는 대응어나 활용해 본 적이 없는 대응어를 익힌다.

준비훈련(번역, 문장구역, 순차통역)은 시청각실에서 전체 학생이 동시에 실시할 수 있으며 교수는 이를 감독한다. 시청각실이 없을 경우 두 명씩 짝을 지어 훈련할 수 있다. 한 명은 통역하고 다른 한 명은 상대방을 교정 해준다. 교수는 학생들이 역할을 교대 하도록 감독해 주면서 틀린 부분을 분석하고 교정해 준다. 준비 훈련과 동시통역은 일정한 시간 간격을 두고 하는 것이 좋다.

처음 보더라도 이해하기 수운 텍스트를 통역하도록 한다. 통역훈련에 필요한 시설이 갖춰진 강의실에서 다음과 같은 방법으로 실시한다.

a) 적응훈련 (동시통역 준비훈련, 숫자 통역훈련)
b) 필수 대응어 반복 숙달 훈련
c) 텍스트 자료 동시통역 (처음에는 적정한 속도에서 시작한 후 점점 속

도를 올린다) 교수의 감독 하에 실시하며 녹음한다.

d) 녹음된 것 중 한 두개를 들어보고 틀린 부분을 교정한다.

e) 두 사람씩 짝을 지어 한 학생이 통역하면 다른 학생은 감독하고 역할을 바꿔서 한다.

이 때 교수는 동시통역이 결코 쉽지 않은 것이라는 점을 감안하여 한 문장이나 문단의 길이가 너무 길지 않은 텍스트를 준비한다. 처음 텍스트 길이는 5분을 넘지 않아야 하고 좀 더 발전되면 20분 정도 분량으로 하는 것이 좋다. 이렇게 학습방법을 다변화해야 학생들의 부담감을 덜어줄 수 있다. 또한 교수는 동시통역이 정신적으로나 육체적으로나 상당히 부담이 크다는 사실을 간과해서는 안 될 것이다.

인간의 심리 구조가 원래 말하고 듣는 것을 동시에 수행할 수 없도록 되어 있다. 부자연스러울 수밖에 없다. 일반적인 의사소통도 "들은 다음 말하기" 혹은 "말한 다음 듣기"로 이루어지는 것이 보통이다. 그래서 경험 많은 동시통역사라 해도 통역 중에는 맥박과 호흡이 가빠지기 마련이다. 동시통역은 고통스런 노력과 악조건에서도 의연하게 버틸 수 있는 능력을 필요로 한다. 의지가 약하거나 쉬운 조건에 안주하려는 경향이 있는 학생들은 교수가 자극을 주지 않거나 스스로 동기를 부여할 수 있는 계기를 마련해 주지 않는다면 훌륭한 동시통역사가 되기 힘들 것이다.

동시통역 훈련에 필요한 텍스트 자료 선정 시에도 "쉬운 것부터 시작한 후 어려운 것으로"라는 교수원칙이 철저히 적용되어야 한다. 어휘적으로나 통사론적으로 텍스트의 난이도를 높이는 것은 서서히 진행해야 한다.

5.2 통번역 실습의 일반원칙

지금까지의 설명을 통해, 번역훈련과 통역훈련은 상당히 다르다는 것을 알 수 있다. 통역과 번역 수행을 위한 능력이 각각 다르기 때문이다. 통역에서는 우선 대응어를 자동적으로 사용할 수 있는 능력과 순간적인 반사신경이 필요하다. 반면, 번역에서는 이러한 능력이 그리 중요하지 않다. 번역에서 강조되는 것은 사전이나 기타 참고자료를 활용할 줄 아는 능력, 모든 수단을 동원하여 아주 미묘한 의미적, 기능적, 문체적 뉘앙스까지 해석할 수 있는 능력 및 최대한 정확하게 도착어로 재구성해 내는 능력이다.

이미 언급한 것처럼 통역에서는 출발어 해석의 정확도가 번역에 비해 상대적으로 덜 중요하다 볼 수 있다. 내용이 조금 덜 정확하더라도 머뭇거림 없이 자신있는 어조로 통역하는 것이 내용은 정확하나 적당한 대응어를 생각해 내느라 머뭇거리고 자신없는 목소리로 통역하는 것보다 원래의 기능적인 측면에서 봤을 때 더 효율적이라 할 수 있다.

통역에서 최우선적으로 강조되어야 할 것들은 출발어텍스트의 내용을 일정기간 머릿속에 저장해 놓을 수 있는 기억력과 모국어에서 외국어로 또는 외국어에서 모국어로 코드를 순간적으로 전환할 수 있는 능력, 그리고 통역할 내용을 기술적으로 요약 메모할 수 있는 능력이라 하겠다.

통역과 번역에 각각 필요한 능력과 기술의 차이점은 통역과 번역이 각각 지향하는 훈련의 특성에 그대로 반영된다. 통역연습은 훈련의 특성을 띠며 그 훈련과정 또한 매우 빠른 속도로 진행된다. 통역에서 해석상 실수는 전면적으로 다루어지지 않고 부분적으로 취급된다. 교수가 관심을 기울여야 할 것은 이런 것 보다는 학생들의 적극성과 교실의 활력을 유지하는 것이어야 한다. 새로운 주제를 시작할 때를 제외하고는 교수의 설명은 최소한으로 줄이고 간결해야 한다.

대응어의 선정이 잘못 되었을 경우 지적을 위한 설명으로 제한하고 경우에 따라서는 문법적 실수도 넘길 수 있다. 만일 학생이 수 차례 지적이 있었음에도 불구하고 의미론적으로 적합하지 않은 어휘소를 계속 혼동하여 사용하는 경우에는 어떤 상황에 어떻게 다르게 적용되는지 의미론적 분석을 해 줄 수도 있다. 이런 분석을 해 줄 때에도 반드시 예를 들어가며 해야 한다.

번역작업은 이론에 명시된 법칙에 의거하여 여러 유형 중 가장 좋은 것을 서두르지 않고 신중히 선택해야 하는 특성을 가진다. 번역훈련을 하다 보면 해당 텍스트를 통해 접하는 문제를 해결하기 위해 종국에는 번역이론과 실제에 관한 제문제를 다루게 되기도 한다. 이때 학생들간의 창조적인 토론을 통한 문제 해결도 가능하다. 여기서 교수는 토론이 건설적인 것이 되도록 선을 분명히 정해주어 사소한 의견 충돌이 발생하지 않도록 해야 한다. 토론을 진행하는 동안 교수는 그 동안 쌓아온 번역과 관련한 토대를 통해 번역학의 기본 원칙이 어떻게 적용되는지 설명한다.

번역훈련에 사용할 교재로 교수는 다양한 종류의 난이도를 가진 텍스트(의미적으로 또는 문체적으로 특징 있는 텍스트, 논설이나 평론처럼 여러 기능을 가진 어려운 텍스트)를 준비해야 한다. 이런 텍스트를 훈련하는 과정에서 발생하는 어려움과 어떻게 하면 최상의 번역이 될 수 있는지 등의 고민은 교수의 도움으로 해결할 수 있다. 이때 교수는 학생으로 하여금 어떤 부분이 잘못되었는지를 인지하게 하고 학생 스스로가 올바른 해결책에 도달하도록 도와주는 정도로 그쳐야 할 것이다.

6

통번역의 전문능력 배양

전문 통·번역을 수행하기 위해서는 해당분야에 대한 지식과 관련 전문용어를 알아야 한다. 때로는 모국어와 외국어 양쪽의 전문용어를 알아야 하는 경우도 있다. 내연기관의 세세한 구조와 각부의 명칭을 알고 있더라도 작동원리를 이해하지 못하면 이 분야 전문가들의 의사소통 과정에서 중간 전달자로써의 역할을 제대로 할 수 없을 것이다.

전문 통·번역을 위해서는 해당분야의 전문용어를 양쪽언어로 소화함과 동시에 최소한 그 분야에서 통·번역 활동을 하는데 있어 꼭 필요한 전문지식을 갖추어야 효과적이라는 것이 현장 통역사들에 의해 입증된다. 바로 이것이 전문 통·번역 준비를 위한 첫 번째 과제이다. 두 번째 과제는 해당 분야에 대한 지식과 전문용어를 이용한 실습훈련이라 할 수 있다.

6.1 해당분야 학습 및 관련 전문용어 습득

6.1.1 전문용어 학습

보통 해당 분야를 개괄적으로 다루고 있으면서 너무 세부적이지 않은 외국어 텍스트부터 시작한다. 텍스트와 함께 4500~5000자 분량의 관련용어를 양쪽 언어로 정리한 리스트를 준비한다. 각각의 용어는 필요한 경우 충분한 설명을 덧붙여 준비한다. 즉, 관련분야의 해당 개념이 잘 알려져 있지 않은 경우나 어느 한 쪽의 정확한 대응어가 아직 없는 경우에 해당된다.

텍스트 학습은 수업시간을 이용할 수도 있고 집에서도 할 수 있다. 집에서 학습할 경우에는 검사가 꼭 필요하다. 새로운 용어를 익히기 위한 다음의 몇 가지 연습을 실시한다. 예를들면 다음과 같다.

- 다음 질문에 맞는 답을 텍스트에서 찾으시오.
  (질문의 답이 해당분야의 전문용어가 되도록 문제를 낸다.)
- 다음 단어나 어구에 해당되는 단어를 괄호 안에 채워 넣으시오.
  (보기를 들거나 텍스트 내에서 전문용어를 찾을 수 있게 한다.)
- 다음 문장을 연결하시오.
- 파생된 용어를 텍스트에서 찾으시오.
- 모국어에서 외국어로 옮기시오.
  (해당 전문용어를 적용하여 번역할 수 있는 적은 분량의 텍스트)
- 다음 대화를 번역하시오. (모국어로 질문하면 외국어로 대답하기)
- 다음 대화를 번역하시오. (외국어로 질문하면 모국어로 대답하기)

마지막으로 전문용어 받아쓰기 훈련을 실시한다. 교수가 모국어나 외국어로 또는 두 언어를 섞어서 용어를 불러주면 학생들은 도착어로 해당 대응어를 쓰는 것이다.

6.1.2 전문분야 입문 수업

관련 전문분야에 해당하는 모국어 텍스트를 읽고 해당분야의 기본 개념이 자주 언급될 수 있는 토론을 실시한다. 토론에서 질문이나 답은 주로 해당분야의 전문용어를 사용하도록 한다. 토론이 끝나면 해당 분야 개념이해를 목적으로 하여 다음과 같은 훈련을 실시한다.

- 텍스트와 관련된 질문하기
- 텍스트를 읽고 해당분야 개념 요약하여 쓰기
- 개념 도식화하기 (명확한 도식화가 가능할 경우)
- 용어 정의하기
- 개념에 맞는 용어 찾기

기계나 구조에 관한 경우 그림이나 도면을 그려보게 할 수도 있으며 다음과 같이 훈련하는 것이 효과적이다.

- 그림이나 도면에서 기계나 구조의 각 부분에 번호를 달아 해당되는 명칭이나 용어를 찾게 한다. 이와 관련된 외국어 텍스트를 학습하도록 한다. 텍스트를 그대로 번역한 것이 아니더라도 내용이 상당히 비슷한 모국어 텍스트가 있으면 더욱 효과적일 것이다.

외국어 텍스트를 학습한 후 모국어 텍스트를 가지고 했던 것과 비슷한 훈련을 실시한다.

- 텍스트와 관련된 질문하기
- 텍스트를 읽고 해당분야 개념 요약하여 쓰기. 비슷한 내용의 모국어

텍스트와 대조하여 모국어 · 외국어 용어 정리하기

- 개념 도식화하기 (외국어로)
- 용어 정의하기 (외국어로)
- 개념에 맞는 용어 찾기

숙지도 점검을 위해 용어 받아쓰기를 한다.

6.1.3 전문분야 스스로 학습하기

전문분야를 주제로 한 텍스트 번역, 연설, 또는 학술대회나 각종 회의에서 통역을 위한 준비를 학생 스스로 하도록 과제를 부여해 준다. 전문 통역사들 역시 이런 방식으로 각 주제에 해당하는 준비를 하고 있다.

해당 분야와 직접 관련된 전문서적을 참고하여 학습하는 것이 가장 올바른 방법이다. 결코 쉽지 않으므로 전문서적 대신 통· 번역 훈련 과정을 위해 특별히 준비된 각 분야 입문 교재를 이용할 수도 있다.

통역사가 관련 주제를 통역하기 위해서는 통역할 주제와 관련된 자료를 약 2주 전에는 통역사가 받아 볼 수 있도록 하는 것이 국제적으로 일반화 되어 있다. 물론 이런 규칙이 항상 지켜지지는 않아 사전 준비 자료 없이 통역에 임해야 하는 경우가 종종 있다. 그러므로 통역사는 관련자료를 미리 받고 통역할 뿐 아니라, 자료 없이 통역에 임할 수 있다는 것을 염두하여 여러 분야의 전문서적을 두루 학습해 두는 것이 좋다.

전문분야를 브로드하게나마 알기 위해 해당분야를 개괄적으로 다루고 있는 텍스트를 번역해 볼 수 있다. 이런 방법이 가장 쉽고 경제적이라 할 수 있다.

6.2 전문 통·번역 숙달훈련

전문 통·번역은 다음과 같은 형태로 이루어진다.

a) 과학기술 분야 자료, 업무서신, 계약서, 규정, 각종 경제지표 자료, 계획서, 판결문, 감정서 등의 번역
b) 학술대회 또는 강연회 등에서의 동시통역, 문장단위 통역, 순차통역. 이 중에서 문장단위 통역이 가장 널리 쓰이고 있다.
c) 협상, 실무회의 또는 학술회의 등의 대화체통역

대화체통역은 어디까지나 문장 단위 통역에서 변환된 것 중의 하나이다. 때문에 학생들이 주로 관심을 기울여야 할 것은 대화체통역이 아닌 번역, 텍스트 통역, 문장 단위 통역이며 앞서 5.1.2 장에서 이미 서술된 훈련을 적용한다. 이 때 노트테이킹은 숫자나 고유명사 등 최소한으로 제한한다.

눈으로 읽는 시역이 귀로 듣는 문장단위 통역에 비해 더 쉬운 것이라고 생각하는 것은 금물이다. 많은 통역사들에 따르면, 미리 읽거나 준비되지 않은 채 곧바로 종이에 쓰여진 것을 상세히 통역하는 것이 귀로 들은 것을 통역하는 것 보다 훨씬 힘들다고 한다. 또한 연사들이 항상 미리 준비한 텍스트에 의지해서 말하지는 않는다 점도 유념해야 한다. 따라서 시역 중에도 언제든지 듣고 통역할 수 있도록 준비되어 있어야 한다.

전문 통역사가 아무리 철저히 준비 하더라도 모르는 용어나 개념에 부딪히게 마련이다. 이러한 상황을 모면하기 위해서는 다음의 능력을 요한다.

a) 해당 용어를 풀어서 설명할 수 있는 능력
b) 해당 용어 대신 청중이 이해할 수 있는 유사 단어를 사용할 수 있는 능력

만일 통역사가 이런 방법을 너무 자주 사용하지만 않는다면 청중도 통역사가 그 분야의 전문가가 아니라는 것을 알고 있기 때문에 이해하고 들어줄 것이다.

위에서 말한 첫 번째 능력을 향상시키기 위해 앞에서 이미 언급했던 훈련을 다시 적용할 수 있다. 학생들에게 용어를 제시하고 최대한 간략하게 그 용어의 개념을 설명하도록 하는 것이다(예: 투자 — 자산 또는 주식 등에 금융자금을 전환시키는 것). 이 훈련은 모국어는 물론 외국어로도 실시하도록 한다.

두 번째 능력 향상을 위한 훈련은 다음과 같다. 용어(어근)를 제시하면 학생들은 그 용어에서 파생된 단어를 최대한 많이 나열하도록 한다(예: metal – metallurgy, metalwork, steelwork, metal locator, metal ceramics, metal coating, …). 이 훈련은 새로운 용어를 익히는 것보다는 이미 알고 있는 단어를 최대한 활용할 수 있도록 하는데 목적이 있다. 모국어는 물론 외국어로도 훈련을 실시하도록 한다. 또한 어근뿐만 아니라 접두사나 접미사 등 다른 수단을 이용하여 단어를 파생시킬 수 있도록 한다.

전문통역을 위한 훈련으로 과학기술 또는 실무 분야에서 자주 사용되는 두세 개 정도의 단어로 된 숙어를 익히는데 주력하는 것이 좋다. 교수는 사용 빈도수가 높은 숙어들을 정리하여 과제로 암기시키고 그 숙어를 이용한 간단한 문장을 짓게 하고 받아쓰기 등을 이용하여 학생들이 얼마나 습득했는지 검사토록 한다.

6.3 전문통번역 주제 선정

모든 대학은 해당 지역 또는 더 나아가서는 사회의 요구에 부응하는 주제를 선정해 교육을 실시한다. 공업 선진국에서는 기술분야 또는 경제분야 통역수요가 가장 많다. 잘 알려진 뮌헨 어학 및 통번역 대학에서도 이 두 분야를 위주로 통번역사를 양성하고 있다.

현재 러시아에서는 국제관계학 분야에서 통번역 수요가 가장 많다고 한다. 이 분야에서 전문통역가로서 활동하기 위해서는 계약서, 회사 정관, 각종 업무서신(신청서, 주문서, 견적서, 항의서 등), 기획서, 경제지표 자료 등을 번역할 수 있고 협상과정 또는 고객의 접대에서부터 체류하는 동안과 출국할 때까지 이루어지는 여러 가지 대화를 통역할 수 있는 능력이 있어야 하겠다. 이를 위해 통역사는 경제용어와 법률용어의 개념이 혼합된 무역통상용어를 잘 알고 있어야 한다. 통번역사가 되려는 이들은 이런 흐름을 잘 파악하여 전문화를 꾀해야 한다.

기술 통역에 대해 언급하자면, 전통적인 역학에서부터 최신의 양자역학에 이르기까지, 철강에서부터 전자, 유전공학까지 기술이라는 개념이 인류생활에 빠지는 분야가 없을 정도로 지배적이다. 때문에 단순히 포괄적인 개념의 기술 분야 통역사는 있을 수 없다는 것을 유념해야 한다. 또한 통역사가 이렇게 너무 전문적인고 세분화된 분야에 치중한 나머지 기술분야 전반을 두루 다룰 수 없게 된다는 것도 문제가 될 수 있다.

7

통번역사 양성을 위한 과정 종합

지금까지 살펴본 바에 따르면 통역사는 각각 다음 세 과정을 거쳐 양성된다 할 수 있다.

a) 통·번역 능력의 기본 형성기. 이 시기는 통·번역이라는 것이 원래 복잡하다는 것과 평생을 걸쳐 갈고 닦아야 한다는 것, 그리고 통·번역의 여러 기술을 이해하게 되는 때이다.
b) 여러 형태의 통역(동시통역, 순차통역, 시역 등) 또는 번역을 해보고 그 중 통역사 개인의 심리적 육체적 특징에 가장 적합한 것을 선택해 수련하게 되는 시기이다.
c) 어떤 분야에서 통·번역 활동을 할 것인가를 결정하는 시기로 특정 분야를 정해 그 분야의 전문 통역을 할 수 있는 능력을 배양한다.

첫 번째 과정은 두 번째 과정을 위한 기초를 다지는 시기이고 첫 번째와 두 번째 과정은 세 번째 과정을 위한 것이다. 그렇다고 해서 과정들이 꼭 서술된 순서대로만 진행된다는 것은 아니다. 거의 동시에 병행하여 진행되어야 하지만 당연히 기본 형성기를 제일 먼저 시작하여 일정 시간이 경과하면 다음 단계로 들어간다.

학생들이 통역에 필요한 기본기를 형성하는 시기에 교수는 주로 학생들의 학습 능력과 언어적 감각에 맞추어 가르치게 된다. 그러니 학생들의 속도에 맞춰 다음 단계를 병행하여 진행하는 것이 그렇게 무리한 일이 아닐 것이다. 오랜 기간 한 과정에 머무르면 학생들이 지겨움을 느끼게되기 때문이다.

두 번째 과정에서 교수는 기본 형성기 때와는 다른 요소를 기준으로 학생들을 가르친다. 직관적인 통역능력(단순통역), 단기간 기억능력, 순간적인 대응능력 등이라 하겠다. 통역 훈련시 교수나 학생 모두 일단은 머릿속으로 복잡하게 생각하지 않은 신속한 통역을 하기 위해 노력한다. 이 때 학생들이 처음에는 통역기술을 몇가지 직관 수준으로 습득하다가 나중에 의식적으로 습득하는데 이상한 일이 아니다. 대부분의 경우 학습이 이런 식으로 이루어지기 때문이다. 육상, 축구, 수영을 배우려고 코치에게 오는 아이들은 이미 달리거나 헤엄치거나 공을 찰 줄 안다. 다만 그 아이들이 제대로 되지 않은 방법으로 했을 뿐이다. 코치는 아이들이 지금까지 했던 방법이 올바르지 않은 것이었다는 것을 깨우치게 하고 어떻게 하면 제대로 하는 것인지 설명해 준다. 아이들을 일깨우고 잘못된 부분에 대한 수정을 통해 더 잘 할 수 있게 만드는 것이다.

통역훈련도 이와 비슷한 과정으로 진행된다. 외국어를 할 줄 아는 학생이라도 아직 통역을 배우지 않았으면 당연히 직관적으로 밖에 통역할 수 없다. 통역에는 이런 저런 것들이 작용하고 있기 때문에 결국에는 직관적인 형태를 잘 다듬어 좀 더 의식적인(조리있는) 통역이 되도록 해야 한다. 직관적인 통역을 바탕으로 하여 의식적인 요소가 가미되면 더욱 기교 있는 통역이 될 것이며 특히 통역시 난관에 부딪히게 되었을 때에도 효과적으로 작용할 것이다.

세 번째 과정에서는 자연현상이나 각종 기계의 구조 등 주로 언어적인 것과는 무관한 요소를 다루게 된다. 그러므로 이 과정은 앞의 과정들과는 차별화 되므로 앞의 두 과정과 병행하더라도 아무런 충돌이 발생하지 않을 것이다. 오히려 이 세 과정을 병행하여 진행함으로써 각각의 과정이 가지는 차이점이나 공통점을 통해 학생들은 가장 이상적인 방법으로 통역에 접근할 수 있는 기회를 얻게 될 것이다.

부록

통역과 번역에 쓰이는 용어들

순차통역

순차통역은 일반적인 순차통역과 '짧은 순차통역'으로 구분할 수 있다. 순차통역에서는 동시적으로 청취, 분석, 발화가 이루어져야 하는 동시통역과 달리, 연사의 발화를 일정 시간 동안 청취하고 통역을 시작하므로 통역사가 받는 시간적, 정보처리적 제약이 동시통역보다 적다. 또, 더욱 논리적으로 일목요연하게 연사의 발화내용을 전달한다.

순차통역은 통역사가 연사, 청중과 같은 공간에서 청취, 발화하며, 연사의 발화 순서에 이어 통역하는 통역사의 말 순서에는 연사의 발화가 중단되므로 통역사는 이 때 정확하게 이해하지 못한 부분을 연사에게 확인할 수 있다. (통역이해, pp.120-121)

동시통역

동시통역은 회의통역에서 일반적으로 사용하는 통역 방식으로서, 통역사가 통역 부스에서 연사의 발화를 헤드셋을 통해 듣고 마이크를 이용해 동시적으로 통역하는 것을 의미한다. 그러나 이러한 회의통역에서 사용하는 일반적인 의미의 동시통역 이외에 광의의 동시통역에는 동시적으로 이루어지는 모든 유형의 통역이 포함된다.

여기에는 문어텍스트를 보면서 즉석에서 구어로 통역하는 시역, 통역이 필요한 한두 사람을 위해 가까이에서 작은 소리로 통역하는 위스퍼링, 기자재 없이 큰 소리로 위스퍼링하는 생동시통역, 청각장애인을 위해 언어기호를 수화기로, 수화기호를 언어기호로 즉석에서 통역하는 수화통역 등이 포함된다. (통역이해, p.119)

커뮤니티 통역(법정통역, 의료통역 등)

각종 행정 기관, 사회 복지 기관, 의료 시설, 학교 등 지역 사회의 각종 기관에서 행해지는 커뮤니티 통역은 기관의 담당자와 그 지역 사회의 언어를 모르는 기관 이용자 간 의사소통을 촉진하고 기관 이용자가 언어를 모르기 때문에 불이익을 당하는 일이 없도록 하기 위해 이루어진다. (통역이해, pp.179-180)

회의통역

회의통역은 통역의 가장 대표적인 유형이다. 회의통역에서 사용되는 통역 방식으로는 동시와 순차가 있다. 대부분의 국제회의 통역사들은 통역에서 2~3종류의 언어를 사용한다. 회의통역사의 역할과 그 중요성에 대한 인식이 확산되기 시작한 것은 20세기 후반부터이다. (통역이해, p.102)

위스퍼링

통역을 듣는 사람의 뒤에 앉거나 서서 주위 사람들에 방해되지 않도록 조용히 거의 속삭이듯이 통역한다. 위스퍼링 통역은 동시통역에 비견될 정도로 매우 힘들다. 자신의 음성을 내내 살펴야 하므로 신경이 쓰여 통역에 완전히 집중할 수 없다. (통역사와 번역사, p.160)

노트테이킹

순차통역에서 노트테이킹이란 적극적인 리스닝을 통해 분석한 연사의 말을 특정 체계에 따라 기록하는 것을 의미한다. 이는 노트테이킹에 대한 세 가지 중요한 사실을 담고 있다. 첫째, 노트테이킹은 수동적 리스닝이 아닌 적극적 리스닝을 통해서만이 가능하다. 둘째, 노트테이킹은 연사의 말을 그대로 적는 것이 아니라 분석한 내용을 적는 것이다. 셋째, 분석한 내용은 아무렇게나 적는 것이 아니라 체계적인 방법, 즉 미리 정해 놓은 방식에 따라 적어야 한다. (노트테이킹 기술, p.11,)

텍스트

텍스트라는 개념은 문장과 비교적인 관점에서 논의 되기 시작했는데, 담화와 비교적인 관점에서 논의되기도 한다. 그러나 넓은 의미에서는 담화와 텍스트가 동일하게 '실제 상황에서 사용되는 문장들의 연쇄'이면서 '사회성과 역사성을 갖는 언어 관습'의 개념으로 쓰이고 있다. 통역에 대한 기술에서 텍스트가 중요한 이유는 통역사가 중개하는 의사소통에서 의사소통의 목적을 달성하기 위해 연사와 통역사 모두가 사용하는 자연 언어 발화체가 텍스트이기 때문이다. (통역이해, p.127)

출발 텍스트(ST)

모든 사용자에게 똑같이 구속력 있는 단 하나의 유일한 텍스트가 존재하는 것이 아니고, 하나의 수용 상황마다 하나의 텍스트가 존재한다. 하나의 '텍스트'는 해석 과정에서 해석에 의해 변할 수 있다. 해석은 동적인 사건이다.

텍스트는 처음부터 완전한 것이 아니라, 수용과정을 통해 수용상황에 맞게 비로소 완전하게 구성된다. 출발 텍스트와 가능한 한 유사해야 한다는 조건이 무엇을 뜻하는지는 '모방'이라는 개념으로 설명될 수 있다. 즉, 다른 언어 및 문화 코드로 이루어진 전형을 모방하되, 모방의 목적에 따라 가능한 한 모든 형식과 의미의 층위에서 모방하는 것이다. (통번역이론, p.82)

도착 텍스트(TT)

도착 텍스트가 출발 텍스트와 서로 다른 기능을 갖게 될 경우, 통번역사는 도착텍스트의 기능을 파악하는데 주력해야 한다. 도착텍스트는 수용자에 의해 수용여부가 결정되는 하나의 정보 제공물에 불과하다. 이러한 도착텍스트, 혹은 통번역물은 출발텍스트와 (시공간적) 상황을 달리하기 때문에 출발텍스트를 아무리 그대로 모방하더라도 동일한 정보제공물이 될 수 없으며 출발텍스트를 가상 모방하는 결과만을 낳을 뿐이다. (통역학, pp.61-62)

등가

등가성이란 출발텍스트와 도착텍스트 사이의 관계를 뜻하는 것이나, 관계의 본질은 모호하다. 등가성은 때로는 적합성 개념과 동일시되기도 하며, 심지어는 '번역'의 동의어로 제안되기도 한다. 오늘날 일반적으로 등가성 개념을 '성과 중심의 번역'이라고 부른다. 통번역학에서 등가성은 텍스트 쌍 내의 개별 언어기호들 간의 관계와 온전한 텍스트들 간의 관계로 설명될 수 있다.

텍스트 쌍의 개별 요소들 간에 등가성이 있다고 해서 반드시 전체 텍스트 간에 등가성이 있는 것은 아니다. 그 반대도 마찬가지이다. 텍스트 등가성은 단순한 언어적 등가성 이상의 것으로서, 문화적 등가성도 포괄한다. (통번역이론, p.113)

문장구역(시역)

문장구역이란 글로 된 텍스트를 눈으로 쫓아가며 구두로 내용을 전달하는 행위이다. 무엇보다도 통번역과 문장구역간의 기술상, 특성상의 유사함 때문에 실제 여러 통번역사, 이론가들도 문장번역의 중요성과 효과에 대해 긍정적 평가를 내리고 있다.

문장구역에 대한 관심의 이유는 무엇보다 문장구역이 통역, 번역과 비슷한 인지처리 과정을 갖는다는 점이다. (통역학, p.129)

번역윤리

오늘날의 번역 이론 연구는 '좋은' 번역이라는 개념에 대해 여러 방식으로 문제를 제기하면서 번역 윤리에 대한 이해에 새로운 지평을 열어주고 있으나 여전히 많은 개념적, 실제적 문제가 남아 있다.

이는 윤리의 종류의 다양성의 문제나, 문화적, 이데올로기적 요인으로 인한 번역의 영향과 효과에 대한 문제 등이 포함 된다. 번역 행위의 윤리성과 관련된 국제적 합의 문건도 존재한다. (번역길잡이, pp.17-20)

번역역사

번역물은 당연히 언어와 문화에 장기간에 걸친 효과를 남길 수 있으며, 그러한 효과는 역사적 또는 문화적 접근으로 연구될 수 있다. 이 분야에 관심이 있다면, 문화 이론, 규범이론 또는 폴리시스템 이론과 같이 조금 다른 접근법을 택해야 한다. 번역의 역사분야에서 주된 연구 문제는 '누가', '무엇을', '어떻게', '왜' 했는가와 관련된다. (번역길잡이, p.15)

번역과정

번역 과정 연구를 위해 작업장 연구(전문 번역사의 실제 직업 생활과 작업 조건에 대한 몇 가지 형태의 연구), 프로토콜 연구(번역자의 내적 의사 결정 과정을 알아내기 위하여 사고발화법 또는 회상인터뷰 방식을 사용하는 것) 등을 할 수 있다. (번역길잡이, pp.25-27)

번역의 이론적 모델

번역학의 여러 모델의 기본형은 전통적으로 세 가지로 구분되어 사용되어 왔다. 비교 모델(정태적, 결과 지향적, 어떤 종류의 등가 관계에 기반), 과정 모델(번역을 결과물로서가 아니라 하나의 과정으로서 표상하며, 동태적), 인과 모델(앞의 두 모델은 명시적인 인과성을 보이지 않음,여기서는 인과성의 수준 또는 차원을 세가지 수준으로 나눔- 근접 수준, '번역과업'의 외부적 조건의 수준, '사회문화적'수준)이다. 각각의 모델과 연관된 이론과 이론의 변형들이 존재함은 물론이다. (번역길잡이, pp.58-69)

통역사의 목소리

통역의 가장 밑바탕이 되는 것은 바로 목소리다. 똑 같은 표현을 사용하면서 똑 같은 정도로 정확하게 통역을 하더라도, 어떤 목소리로 얼마나 듣기 좋게 말하느냐에 따라 통역의 질이 크게 달라진다. 통역사는 자신이 가지고 있는 발성기관으로 최대한 듣기 좋은 목소리로 이야기 할 수 있도록 연습을 거듭해서 통역할 때 그 목소리를 유지할 수 있도록 노력해야 한다. (한통번, p.105)

통역학

통역학은 언어학류와 사회학류의 큰 두 학문 사이에 걸쳐있다. 통역이론은 의미 통번역론과 일반 통번역론으로 나뉘고, 이 두 이론을 가로지르는 위치에 통역기술이론 등의 실무이론이 존재한다. (통역학 이론, pp.9-10)

오류분석

오류분석은 통역의 상황변수라기 보다는 통역의 평가문제와 관련되어 있다. 따라서 통역의 양적 분석의 하나이다. (통역학, pp.117-118)

세도윙(Shadowing)

청취한 텍스트를 듣는 즉시 그 언어로 따라 하는 연습으로, 발음 향상, 동시에 듣고 말하기 능력 향상 및 발화속도 제고의 효과를 노리는 연습이다. 보통 음절 따라 하기, 어구 따라 하기로 구분된다.

학자에 따라서는 내용분석을 전제로 하는 어구 따라 하기만이 통역연습으로 적합하다고 보는 의견도 있고, 오히려 음절 따라 하기가 외국어 발음과 억양연습 측면에서 좋은 통역연습이라는 의견도 있다. (통역학, pp.121-122)

청성시차

동시통역을 배우는 학생들이 초기에 연사의 말속도를 맞추지 못해 많은 정보를 손실하는 것을 방지하기 위해 Hendrickx이 고안한 연습법이다. 따라 말하기 연습 중 의도적으로 청성시차의 폭을 변경하는 훈련을 말한다. 그러나 내용의 일관성이 없이 단어만을 일정시차를 두고 반복하는 훈련이어서, 기억력 연습에는 적합할지 모르나 동시통역 청성시차 조절에는 도움을 주지 못한다. (통역학, p.123)

응집성

텍스트를 이해할 수 있도록 만드는 논리의 일관성을 말하는데, 통역사가 화자가 의도한 바를 청자가 이해하도록 전달하기 위해서는 무엇보다 이 응집성 형성에 노력을 해야 한다. 잘된 통역을 판단하는 데 있어서도 통역물이 가지고 있는 응집성을 판단하는 것을 우선으로 하고 있다. 오늘날의 텍스트언어학에서는 응집성을 텍스트를 하나로 연결하는 심층적 자질로 바라본다. (통역학, p.287)

응결성

응결성은 응집성을 구성하는데 사용되는 텍스트 표층구조의 요소로 여겨진다. 텍스트의 표층구조에는 텍스트를 하나의 단위로 응결하는 요소 즉, 지시, 대체와 생략, 접속사, 어휘 등이 있는데, 통역사는 텍스트의 논리를 이해하기 위해서는 이들 응결수단을 찾아 텍스트를 분석해야 한다. (통역학, p.288)

기계번역

인간의 언어를 컴퓨터에게 이해시키려는 노력이 끊임없이 이루어진 것은 컴퓨터에게 인간의 언어활동을 대행할 수 있도록 하기 위함이었는데 그 대표적인 예가 기계번역이라 할 수 있다.

오늘날 기계번역은 인간 개입의 여부와 정도에 따라 크게 3가지 종류로 구분할 수 있다. 먼저 순수기계번역이 있고 다음으로 인간보조 기계번역, 기계보조 인간번역방식으로 구분될 수 있다. (통역학, pp.386-398)

기계통역

기계통역은 기계번역보다 늦게 시작되었으며 기본적으로 기계번역의 원리를 따르고 있다. 그러나 인간의 음성으로 이루어진 입말을 입력체로 사용한다는 점이 다르며, 즉석에서 준비 없이 이루어지는 입말을 입력체로 한다는 사실이 다르다. (통역학, pp.409-411)

통역전략

동시통역 전략은 '온라인(on-line) 전략'과 '오프라인(off-line) 전략' 두 가지로 나눌 수 있다. 오프라인 전략으로는 회의 주제에 대한 전문 지식 및 배경지식 쌓기, 어휘 및 자료 정리 등이고, 온라인 전략으로는 기다리기, 시간벌기, 짧은 문장으로 나누기, 예측하기 등이 있다. (통역이해, pp.231-232)

예측

동시통역에서 연사가 특정 문장 구성성분을 발화하기도 전에 통역사가 미리 예측하여 발화하는 것을 뜻한다. 이러한 방식은 출발어가 후동사 언어이거나 후핵언어인 경우 더욱 두드러진다고 볼 수 있다. 통역사는 연사의 발화를 청취하면서 자신의 백과사전적 지식, 주제지식, 언어지식을 근거로 연사가 아직 발화하지 않은 단어를 예측하는 것이다. (통역이해, pp.237-238)

참고문헌

강지혜 『통역의 이해』 (한국문화사 2004)

김한식 『한일 통역과 번역』 (한국문화사 2003)

이상빈 『국제회의 통역사를 위한 노트테이킹 핵심기술』 (한국문화사 2012)

정혜연 『통역학 개론』 (한국문화사 2008)

제니 윌리엄스, 앤드류 체스터먼 공저, 『번역학 연구의 길잡이』, 정연일 옮김(이지북스, 2006)

카타리나 라이스, 한스 베르미어(Katharina Reiß, Hans J. Vermeer), 『일반 통번역 이론 기초』, 안인경, 정혜연, 이정현 옮김, (한국외국어대학교 출판부, 2010)

G.E.미람, 『통역과 번역 그리고 통역사와 번역사』, 전지윤 김정희 옮김, (한국문화사, 2004)

찾아보기

[ㄱ]

거짓 친구들(False Friends) 54
기능적 등가성 19
기호 43

[ㄴ]

내포의미 60
내포적 의미 44
노트테이킹 125

[ㄷ]

대응어 115
대체 47
대화체 통역 123
도착어 11
도착어 텍스트 1
등가 48

[ㄹ]

레마 28

[ㅁ]

문장단위 통역 121

[ㅂ]

번역문 72
번역오류 26
번역훈련 135
변환 15

[ㅅ]

송신자 11
수신자 11
시역 119
심층적 변환 95

[ㅇ]

어휘적 변환 94
언어규범 17, 28
언어기호 42, 44
예술텍스트 14

예측능력 24
원문 72
위스퍼링 126
유사변환 15
의미구조 31
의미요소 42
의사소통 16
의역 17

[ㅈ]

전문용어 138
정보텍스트 14
직역 17, 27

[ㅊ]

축약 131
출발어 11
출발어 텍스트 1

[ㅌ]

테마 28
테마-레마 구조 31
통번역 품질 33
통사적 변환 94
통역훈련 117

[ㅍ]

표층적 의미 43

[ㅎ]

형태적 변환 94

통번역사 교육 ABC

초판 인쇄 2013년 2월 20일
초판 발행 2013년 2월 28일

저 자 Л. К. Латышев / В. И. Провоторов
역 자 방교영
발 행 인 박 철
발 행 처 한국외국어대학교 출판부
130-791 서울특별시 동대문구 이문로 107
전화 02)2173-2495~7
FAX 02)2173-3363
홈페이지 http://press.hufs.ac.kr
전자우편 press@hufs.ac.kr
출판등록 제6-6호(1969. 4. 30)
편집·디자인 (주)이환디앤비 02)2254-4301
인쇄·제본 SM C&P 02)468-6100

ISBN 978-89-7464-819-0 93700 정가 10,000원